黃郛日記

（1929-1930）

The Diaries of Huang Fu, 1929-1930

民國日記｜總序

呂芳上
民國歷史文化學社社長

　　人是歷史的主體，人性是歷史的內涵。「人事有代謝，往來成古今」（孟浩然），瞭解活生生的「人」，才較能掌握歷史的真相；愈是貼近「人性」的思考，才愈能體會歷史的本質。近代歷史的特色之一是資料閎富而駁雜，由當事人主導、製作而形成的資料，以自傳、回憶錄、口述訪問函札及日記最為重要，其中日記的完成最即時，描述較能顯現內在的幽微，最受史家重視。

　　日記本是個人記述每天所見聞、所感思、所作為有選擇的紀錄，雖不必能反映史事整體或各個部分的所有細節，但可以掌握史實發展的一定脈絡。尤其個人日記一方面透露個人單獨親歷之事，補足歷史原貌的闕漏；一方面個人隨時勢變化呈現出不同的心路歷程，對同一史事發為不同的看法和感受，往往會豐富了歷史內容。

　　中國從宋代以後，開始有更多的讀書人有寫日記的習慣，到近代更是蔚然成風，於是利用日記史料作歷

史研究成了近代史學的一大特色。本來不同的史料，各有不同的性質，日記記述形式不一，有的像流水帳，有的生動引人。日記的共同主要特質是自我（self）與私密（privacy），史家是史事的「局外人」，不只注意史實的追尋，更有興趣瞭解歷史如何被體驗和講述，這時對「局內人」所思、所行的掌握和體會，日記便成了十分關鍵的材料。傾聽歷史的聲音，重要的是能聽到「原音」，而非「變音」，日記應屬原音，故價值高。1970年代，在後現代理論影響下，檢驗史料的潛在偏見，成為時尚。論者以為即使親筆日記、函札，亦不必全屬真實。實者，日記記錄可能有偏差，一來自時代政治與社會的制約和氛圍，有清一代文網太密，使讀書人有口難言，或心中自我約束太過。顏李學派李塨死前日記每月後書寫「小心翼翼，俱以終始」八字，心所謂為危，這樣的日記記錄，難暢所欲言，可以想見。二來自人性的弱點，除了「記主」可能自我「美化拔高」之外，主觀、偏私、急功好利、現實等，有意無心的記述或失實、或迴避，例如「胡適日記」於關鍵時刻，不無避實就虛，語焉不詳之處；「閻錫山日記」滿口禮義道德，使用價值略幾近於零，難免令人失望。三來自旁人過度用心的整理、剪裁、甚至「消音」，如「陳誠日記」、「胡宗南日記」，均不免有斧鑿痕跡，不論立意多麼良善，都會是史學研究上難以彌補的損失。史料之於歷史研究，一如「盡信書不如無書」的話語，對證、勘比是個基本功。或謂使用材料多方查證，有如老吏斷獄、法官斷案，取證求其多，追根究柢求其細，庶幾還原

案貌，以證據下法理註腳，盡力讓歷史真相水落可石出。是故不同史料對同一史事，記述會有異同，同者互證，異者互勘，於是能逼近史實。而勘比、互證之中，以日記比證日記，或以他人日記，證人物所思所行，亦不失為一良法。

從日記的內容、特質看，研究日記的學者鄒振環，曾將日記概分為記事備忘、工作、學術考據、宗教人生、游歷探險、使行、志感抒情、文藝、戰難、科學、家庭婦女、學生、囚亡、外人在華日記等十四種。事實上，多半的日記是複合型的，柳貽徵說：「國史有日歷，私家有日記，一也。日歷詳一國之事，舉其大而略其細；日記則洪纖必包，無定格，而一身、一家、一地、一國之真史具焉，讀之視日歷有味，且有補於史學。」近代人物如胡適、吳宓、顧頡剛的大部頭日記，大約可被歸為「學人日記」，余英時翻讀《顧頡剛日記》後說，藉日記以窺測顧的內心世界，發現其事業心竟在求知慾上，1930 年代後，顧更接近的是流轉於學、政、商三界的「社會活動家」，在謹厚恂恂君子後邊，還擁有激盪以至浪漫的情感世界。於是活生生多面向的人，因此呈現出來，日記的作用可見。

晚清民國，相對於昔時，是日記留存、出版較多的時期，這可能與識字率提升、媒體、出版事業發達相關。過去日記的面世，撰著人多半是時代舞台上的要角，他們的言行、舉動，動見觀瞻，當然不容小覷。但，相對的芸芸眾生，識字或不識字的「小人物」們，在正史中往往是無名英雄，甚至於是「失蹤者」，他們

如何參與近代國家的構建，如何共同締造新社會，不應
該被埋沒、被忽略。近代中國中西交會、內外戰事頻
仍，傳統走向現代，社會矛盾叢生，如何豐富歷史內
涵，需要傾聽社會各階層的「原聲」來補足，更寬闊的
歷史視野，需要眾人的紀錄來拓展。開放檔案，公布公
家、私人資料，這是近代史學界的迫切期待，也是「民
國歷史文化學社」大力倡議出版日記叢書的緣由。

來自八十餘年前的時空膠囊：
《黃郛日記》簡介及導讀

任育德

國立中正紀念堂管理處研究典藏組副研究員

> 經國有才皆百鍊，著書無字不千秋。
>
> ——徐世昌書贈黃郛（1934.11.5《黃郛日記》）

一、黃郛生平

　　黃郛原名紹麟，字膺白，號昭甫，浙江省上虞縣人，1880 年 3 月 8 日生，1936 年 12 月 6 日逝。黃郛生父黃文治早逝，就讀義學而後補上學校生。晚清中國步入科舉取士之路將終結、新式教育值初建之 1904 年，黃郛入讀浙江武備學堂，隨獲清廷官費赴日本留學，入讀東京振武學校，1905 年在東京加入中國同盟會。1908 至 1910 年間就讀陸軍測量局地形科並學成返國。1911 至 1915 年間，參與辛亥革命、倒袁軍事行動，因此具備軍事領導經歷，為外人稱「黃將軍」。[1]黃郛在「二次革命」倒袁失敗後，曾輾轉流亡日本、南洋、美國，這種閱歷並非時人常見者。在黃

1　The China Weekly Review ed., *Who's Who in China* (Shanghai: The China Weekly Review, 1925, 3rd edition), p. 379.

郛一生的青壯年時期具有較為濃烈的軍事色彩。

1921 年起，黃郛逐步從軍人轉變為重文治的政治人物。他在美國考察期間擔任北京政府參加華盛頓會議代表團顧問，再赴歐考察戰後政情。回國後，陸續出任張紹曾內閣署理外交總長，高凌霨攝政內閣、高凌霨臨時內閣、顏惠慶內閣任內之教育總長。1924 年 10 至 11 月間，黃郛代理內閣總理，也就在這段期間內馮玉祥領軍包圍北京紫禁城，鹿鍾麟持《修正清室優待條件》宣言文件，取消前定清室優待條件並命令溥儀限期離開紫禁城，溥儀迫於形勢同意離開。黃郛內閣籌劃以北京紫禁城興辦博物院、圖書館，黃郛內閣雖然為時甚短，但故宮博物院終在紫禁城開放，此一將皇權象徵轉變為國家文化傳承象徵的過程，黃郛是歷史參與及見證者之一。

1927 年間，黃郛重返政界，斡旋蔣介石、馮玉祥徐州相見。7 月出任上海特別市市長，處理華洋勢力交匯前鋒重地之一政務。1928 年 2 月出任國民政府外交部長，任內處理南京國民政府與國際強權有所衝突之「南京事件」、「濟南事件」，因此遭致民間輿論之怨言，再度離開政壇，來往上海、莫干山之間，以讀書寫作、蒔花等活動沈潛消遣。黃郛早年即有寫日記習慣，現今只有少部分內容轉抄存世，其餘已告亡佚。1929 年後，黃郛山居，擷取夫婦名中各一字，將莫干山居所命名為「白雲山館」，自許山館主人，已與先前心境、環境有異，得以記下保存至今《黃郛日記》之內容。

　　1933 年 5 月，黃郛復出政界，出任行政院駐北平政務整理委員會委員長，與日本政府、關東軍秘密交涉談判塘沽協定。5 月 31 日，最終協定達成。在中國高漲的民族反日情緒之下，黃郛成為輿論及不同政治勢力派系間之指責對象。1935 年春，黃郛請長假離京南下休養，就此引退。1936 年 12 月 6 日即以肝癌在上海逝世。6 天以後的 12 月 12 日，西安事變發生。7 個月後的 1937 年 7 月 7 日深夜蘆溝橋事件爆發，也開啟了中日全面戰爭。

二、史料重現與涉及人物

　　黃郛生前與妻沈亦雲彼此許諾，將為早逝對方撰寫傳記以述生平。沈為當時中國接受新式教育女性之一。她在黃郛過世後，一面寄情教育事業，也盡可能保存相關資料，但在抗戰後撤、前往香港之際也不得不銷毀相當資料，僅餘少數帶走。[2] 黃郛逝世後不久，沈亦雲徵集故舊紀念文印就《黃膺白先生故舊感憶錄》。1945 年完成《黃膺白先生家傳》，蒐羅相關親友回憶，可說是黃郛個人資料整理之始。1950 年 2 月，沈亦雲從上海取道陸路南下香港，後長居美國，接受美國哥倫比亞大學口述史訪問（1962），並將保留資料（電報、書信、講稿、文稿）捐贈該校珍稀圖書與手稿圖書館保存，成為「黃郛文件」（Huang

---

2　沈亦雲，〈自序一〉，《亦雲回憶》（台北：傳記文學出版社，1968），冊上，頁 1。

Fu Papers, 1913-1936）。日記部分內容曾經摘錄披露於《亦雲回憶》，也成為相關研究中日外交著作參用內容。史丹福大學胡佛研究所也有「黃郛文件」（Huang Fu Papers, 1920-1936），台北國史館庋藏「蔣中正總統文物」留有黃郛、蔣介石於 1920 年代後期至 1930 年代前期相關往還電稿抄件，這都構成黃郛與相關人物研究、1930 年代中日外交基礎史料。在此基礎上，已有研究成果專著如謝國興《黃郛與華北危局》（1984）、Parks M. Coble, *Facing Japan: Chinese Politics and Japanese Imperialism, 1931-1937*（1991，馬俊亞中譯，2004）、劉維開《國難期間應變圖存問題之研究》（1995）、臧運祜《七七事變前的日本對華政策》（2000）、內田尚孝《華北事変の研究－塘沽停戰協定と華北危機下の日中関係 1932-1935 年》（2006）、李君山《全面抗戰前的中日關係（1931-1936）》（2010）、黃自進《蔣介石與日本 —— 一部近代中日關係史的縮影》（2012）等。但其中有關《黃郛日記》內容多屬轉引。《黃郛日記》手稿複本近年入藏台北中央研究院近代史研究所圖書館後，有天津南開大學賀江楓就 1935 年部分予以利用至研究論文中，更大篇幅利用者尚不多見。

在黃郛逝世八十三年後，民國歷史文化學社策劃「民國日記」系列，納編《黃郛日記》，將現存十六本內容首度全文出版，正可為擴充民國史基礎史料來源增添重要一筆，也一併提供人物內心世界和電文之間產生關係、不同人物觀點角度對照，進而瞭解民國歷史潮流動力及暗流。

　　從前述黃郛生平可知，《黃郛日記》書寫時段和生命中閒居莫干山、上海，重返政壇處理中日外交談判及國交往來相疊合，表現日記主人讀書讀報所思所想，情緒反應。這包括有關時局及世局發展之認知、理解、因應，以及日記主人之人際交往、聯繫網絡。

　　《黃郛日記》密集出現蔣氏身旁其他重要人物如楊永泰（暢卿）、錢昌照（乙藜）；南北金融界人物如徐新六、張公權、吳鼎昌、錢新之、徐青甫等人，這些人有大部分在時人目之為「政學系」人士。留日學生從事政務、軍事活動者，如袁良、何應欽、殷同、唐有壬、王克敏、梁鴻志亦出現在日記。至於姻親家人們如葛敬恩、沈怡、朱炎、陶孟和、沈亦雲（日記中或名景英、雲英）等人也在日記中不時出現。日記內也有南北媒體界人士如陳冷、張季鸞、史量才之身影。其他與黃郛曾有往來之軍政要人包括馮玉祥、閻錫山、汪兆銘、李煜瀛、張靜江、吳敬恒等人，或寫信表意、或遣代表面談。日本在華外交人員、軍政人員也會拜訪黃郛，交換有關日本、中國政局及國交發展等訊息意見。

　　因此，白雲山館主人黃郛雖然歸隱山林、密集研讀佛理請益高僧，事實上白雲山館也如同架空小說《瑯琊榜》的瑯琊閣一般是訊息蒐集與交流地之一。而在現存篇幅近三十萬字的日記中，讀者既見到了黃郛從早到晚大致規律行事的運動、記事備忘、讀書感懷、收信回信、交際往來，也見到政治人物理解局勢、人事及各派系勢力之間的活動。

三、內容舉隅

　　1920 年代中期至 1930 年代間，蔣介石從黃埔軍校校長逐步轉變為全國政治軍事重要領導人物之一，為應付國內外政情發展，需要有各種不同出身、專業背景者提供意見及諮詢。此時，黃郛與蔣介石間具備同鄉、同學之「二同」，以及擬血緣之「誼盟」關係，就以在野身分成為蔣介石請益諮詢對象之一，蔣介石、張群、黃郛之間的密切聯繫互動，都在《黃郛日記》中清晰呈現。黃郛兼具日本、美國、歐洲一手閱歷，在蔣氏親近人士僅偏重日本或美國一方閱歷中更顯得特殊。其次，黃郛雖與張群、蔣介石有盟誓，一生除參與同盟會、留日武學生組織之「丈夫團」外，並未加入中國國民黨。[3] 黃郛也曾向蔣介石表明「在此環境亞，余祇能對介個人幫助，雅不願再掛任何名義也」。（1929.6.16《黃郛日記》）因此他並未就任導淮委員會副委員長。他是以無黨籍[4] 客卿智囊姿態向蔣介石提出建言，也前人所不敢言。

　　在中國尚待形成一有明確主權意識的現代國家之際，黃郛建議要立憲並行憲。國民黨施行訓政，面臨瀋陽事件爆發，廣東自樹另一國民黨黨統及政統之際，黃郛主張蔣介石不可輕易辭職，應取消訓政早日實行憲政。國民黨應「稍舉憲政時期之權利界諸國民耳」，

3　約在 1927年春，蔣介石、張靜江曾自行署名要擔任黃郛入國民黨介紹人，但遭黃郛婉拒。沈亦雲《亦雲回憶》，冊上，頁 292。

4　因此，如日本外務省情報部編纂，《支那人名鑑》（東京都：東亞同文會調查部發行，1328），頁 604所載「國民黨浙江系」即有誤。

藉以一面貫徹國民黨主張軍政訓政憲政，又可掃除國民嫌隙恩怨、黨內糾紛，提升國民支持政府之心。在政治上應開放組黨自由，讓政黨發揮新陳代謝、網羅人才正常功能。蔣介石宣示行憲可凝聚國民共識，有助解決內政、外交問題。（1931 年 12 月 4 日《黃郛日記》）到了 1935 年 9 月 4 日，陳布雷再奉蔣介石命交換憲法意見，黃郛重申前議，重申與講清他的構想：

> （一）議會本身採取兩院制，上院以與國家有休戚關係而不帶地方色彩者充之，下院則選自各省市與地方有密切關係者充之；（二）中央政府採取責任內閣制，僅總理由總統提出，國會通過任命之，餘均由總理完全負責（但以中國之大，人事之繁，欲內閣不常常搖動而政務又得推行無阻，似地方非採取均權制不可，如下條）；（三）地方政府採取「多級總攬制」，即中央以下有方面（分全國重要各區，設置四、五個巡督大員，領二省或三省），方面以下有省，省以下設府，府以下設縣，而每級均總攬其轄區內之民、財、教、建全責任，此為予對憲法之大意也，談約一小時半別去。

國家應有根本大法、國事應由國民公意決定之，這兩點是黃郛一再針對內政的基本主張，在日記記載中均可明確見到。這應當是超出注重政黨利益、一黨獨尊地位下的見解，也是他與當時國民黨政最大的分歧。

　　黃郛對於中日外交路線自有觀點，或可以當時日
本對之公眾觀感進行觀察。日本某一份報導曾稱，黃
郛雖是所謂中國政商界「親日派」人士之一，這是指
具有日本留學經歷，回國尋求事業成就的一群人。他
們瞭解日本在東亞政治地位的重要性，願意雙方合作
提攜，當中日發生衝突糾紛時，他們因為比較瞭解問
題情形而有解決意願。可是他們和歐美派意見有異，
利益衝突，為保全政治地位，具有多重政治人格，也
並不見得會為確立東亞和平的大目標而貿然賭上個人
政治生命，日本不能因為「親日派」名號有所誤解。[5]
另有日本報導專稿描述，知日派外交元老當推黃郛，
以日文「大御所」描述。[6] 這都顯示，日本欲進行擴張
及侵略中國之時，軍政外交各對黃郛角色多有關注、
重視及意圖爭取，也注意到中國民間反日民族情緒、
政治派系問題可能造成的牽制、羈絆。

　　黃郛對蘇俄共產思想進入中國不以為然，稱 1920
年代引發國共之爭係「伏毒盡發，乃亟亟然欲為事後
之補苴」。（1928.8.3《黃郛日記》）1931 年間親見
上海滬變十九路軍抵抗，參與中日停火調停，表示中
國長期抵抗之必要：「抵抗分物質抵抗與心理抵抗兩
層。物質抵抗，中國事事落後，萬不能長期以原始人

5　〈支那の歐米派と日本派〉，《滿州日報》，1935 年 8 月 14-18 日，
　　見「神戶大學經濟經營研究所新聞記事文庫」中國 (15-060)，最後
　　瀏覽時間：2019.9.14。

6　〈日支交涉の暗礁を抉る（上・中・下）〉，《東京日日新聞》，
　　1936 年 12 月 7-11 日，「神戶大學經濟經營研究所新聞記事文庫」
　　外交 (145-015)，最後瀏覽時間：2019.9.14。

類血肉的肢體，與新時代種種殺人利器相搏激，故惟
有心理抵抗始能持久而取最後之勝利。」（1931.3.5
《黃郛日記》）在黃郛心目中，中國若抵抗同樣來自
亞洲的侵略歷程需要準備時間，內部地方實力派軍人
和中央利益不一，各派系政治鬥爭而不能合作，讓中
國更顯弱勢；歐戰各國運用毀滅性武器，讓人體認戰
爭之可怕之餘，追求和平、避戰；歐美各國不欲涉入
外國事務，使日本軍人有隙可乘以進行擴張的心理，
都是黃郛體認到的國內外環境。

　　國民政府在中國東北遭日本侵佔後，縱使無法改
變日本控制並建立傀儡政權「滿洲國」事實，卻透過
訴諸國際、不妥協態度，使「不承認原則」獲得合法
性，也開啟日後與日本之敵國結盟可能。[7] 在中國與日
本關係加劇緊張時，黃郛接受蔣介石請求處理對日關
係。國民政府期望將對西方帝國主義採用的經濟抵制、
執著、合法度等手段運用在對日政策，卻面臨日本帝
國主義向中國擴張而無休止的要求，使國民政府主政
者面臨中國民間不斷增長的憤怒情緒，遭受其他派系
以此為名進行之權力挑戰。當主政者要壓制來自各方
挑戰時，對手則為自己的目的力圖釋放和引導各方力
量。黃郛即使具備各方人脈與聯繫網絡，受到蔣介石、
汪兆銘共同勸說「出山」，「跳入火坑北平」，面對
紛雜的多方意見，也苦不堪言。

7　柯偉林（William C. Kirby），〈中國的國際化：民國時代的對外關
　　係〉，《二十一世紀雙月刊》，期44（1997年12月），頁36。

　　黃郛就任華北政務委員會委員長後，就面臨來自地方軍人的要求，「光怪陸離真是不可窮詰」（1933.6.23《黃郛日記》），部屬之間彼此攻訐而「諄諄誥誡」而感「嗚呼！辦事之難也」。（1933.7.12《黃郛日記》）日人層出不窮、尋釁要求導致情緒煩悶時黃在日記宣洩「滿地雜屎均要我掃，真是苦痛，然亦不能不自責我同胞之爭意氣而不識大體也。」（1933.6.26《黃郛日記》）他警覺日人在華北「露骨干政，真是可慮」（1933.7.21《黃郛日記》），行事不免操切。徐永昌曾在個人日記提出觀察：「黃似不能久，且亦無聊，因以其用內戚沈某接長平綏，用袁良接長平市，一則自私，一則操切自私，而操切如何能久。」（1933.7《徐永昌日記》）黃面對需要談判問題，密切與相關人員、南京電報聯繫，以釐清談判與可行方向，日記側面反應行程繁忙而無暇再記讀書之事。他與宋子文一場談話反應雙方不同意見，宋認為二至四年間太平洋並爆發大戰，戰爭結果日本必敗。黃郛認為戰爭武器兇殘，各方不敢輕易言戰，無法預料何時發生戰爭，即使真有戰爭，日本也告失敗，但戰爭「起時我國境象如何？結時我國安危如何？均不暇顧，未免太為感情衝動之論。」（1933.9.1《黃郛日記》）他抗拒來自日本要求其「在華北謀自立自足」並「擔保日、俄、美等開戰，中國須與日同情，而日助黃在華北安定」（1933.12.6《徐永昌日記》）之魔鬼誘惑，服從南京由蔣介石主控決策及大方向。他駁斥天津駐屯軍參謀長酒井隆放言高論，「無非欲逼

中國隨日本走，予與之力辯屬害，彼乃稍稍沈默。」
（1934.12.24《黃郛日記》）黃郛內心情緒激昂、低落、
恨鐵不成鋼多重情緒在《黃郛日記》表露交織。

　　黃郛投注華北與中日外交事務，身心耗損頗大，
徐永昌的觀察可為註腳：「二十一年在滬上晤膺白時，
其氣宇何等閑靜，去歲以來，時見其憂弱之態，作努
力談話，人之宜修亦宜養如此」。（1934.9.25《徐
永昌日記》）而1930年代政治勢力暗流之一的地方
實力派領袖們袖手旁觀，讓他難在華北做得下去。華
北政務整理委員會結束後，徐永昌自記與閻錫山談話
透露線索：「去歲以來，余每與閻先生談華北對日外
交問題，以為如無意出任艱鉅時，最好竭力協助黃膺
白，使其能做下去，如中央不能予黃便利時，亦應仗
義執言，不然者禍患且及於晉綏，渠總唯唯否否，今
日又及此，結果亦然，惜哉。」（1935.6.13《徐永昌
日記》）黃郛為維護古都北平、華北主權、中日和平
做出最大努力，身為蔣介石對日政策擋箭牌以抵擋來
自各方不滿情緒，內心煎熬，去職前後也萌生是否徒
勞之感。特別是在得悉汪兆銘在中日交涉中全盤接受
日方撤去軍隊、黨部條件，「覺悟汪先生上了廣田大
當」，「嗚呼！兩年來苦心維護之舊都，今後是何景
象，予不忍再書矣！」（1935.6.9《黃郛日記》）黃郛
稍後研判預料「今後之河北必將成為有實無名之非戰
區」。（1935.6.11《黃郛日記》）河北最後也成為點
燃中日全面戰火之火藥庫。

四、結語

　　黃郛處在 1930 年代東亞內外局勢衝突及多重夾縫中，不得中國民意理解之際，如何自解？《黃郛日記》恰巧留下些許線索，也以此做結。他曾回覆留美青年龍冠海「勸勿親日」隨函附〈人格培養同盟簡章〉、《紐約時報》報導一則：

　　冠海先生大鑒，遠承惠教，感佩同深。彼此均為中國人，吾儕血管中皆為中國血所灌輸，親日固談不到。依弟愚見，中華民國國民除親華外無可親者，更進一步言之，今日世界現狀如此，中國之勢如此，唯有內親外睦之一法，或可以渡此難關。換言之，對內應無不可親，對外應無所不睦。如對內有親、有不親，則統一難期，復興無望。對外有睦、有不睦，非近憂立發，即遠患潛滋。先生留學海外，聞見必廣，當能諒此。諸先生以培養人格相勗，竊以為苟利於國，一切個人之安危毀譽，悉舉而犧牲之，此為人格之最高點，深願有以共勉之。百忙怖惘，幸恕率直，順頌大安。（1934.1.16《黃郛日記》）

　　這些具有血性的文字都來自這一份八十餘年前的時空膠囊，也給予今日讀者一個人物與他所處時代的鮮活印象。

編輯凡例

一、本系列之黃郛日記以美國史丹福大學胡佛研究所
　　收藏「黃郛文件」（Huang Fu Papers, 1920-1936）
　　之「白雲山館主人日記」現存手稿為底本進行整
　　理，白雲山館為黃郛在莫干山居住別墅之名。少
　　許內容於製作微縮影像前即先遭遮蔽。現存日記
　　手稿收錄時間起自1929年1月1日，止於1936年8
　　月16日，12月6日黃郛逝世，計十七本，惟記載
　　1929年10月20日起至1930年2月22日間之第三
　　本已告佚失，存十六本。現存十六本日記內容全
　　文為首度公布，離日記主人黃郛謝世83年。

二、如遇日記當日內容缺漏，則依殘存文字上下文，
　　屬之後缺漏者註明〔後缺〕，若為之前缺漏者註
　　明〔前缺〕。全日缺漏者註明〔缺〕。

三、本文以現代標點符號進行日記斷句，以一日記事
　　為原則，不細分段。如作者在日記天地另行撰寫
　　提要，則以【】標註，另起一段，原則置於該日
　　日期、天氣條目之後。如不只一則提要，依上下
　　午、晚時段獨立分段，置於該段之前。有關作者
　　原文所稱書名以「」符號註明者，統一以《》符
　　號標示。

四、日記主人書寫有關古字詞、非今日通用字者，如
　　「甯」、「勦」、「効」、「歴」、「体」、「并」

等，仍依作者手稿使用原字不予更動。日記使用
姓名書寫同音轉字情形或筆誤，均依作者手稿錄
入，不另行更正。日記使用之俗字、簡體字以正
體字呈現。

五、如遇字跡無法辨識者，均以□符號表示，每一個
□符號代表一字。原文以圈字呈現者，均以〇符
號表示，每一個〇符號代表一字。

六、日記內容涉及人物、事件複雜，參與日記手稿整
理核校團隊限於學力識見，思慮恐難周全，雖經
校對，舛誤謬漏仍在所難免，尚請諸位學者專家
不吝指正。

目　錄

民國 18 年（西元 1929 年）

1 月 1 日元旦　晴　在滬

　　【程蓮士談話】

　　晨八時起，練太極拳一套，八時半早餐，志萬、蓮士、純儒、伯樵等先後來，循俗禮拜年，陳世光并親來送荷蘭雪茄一盒，是日可記者為與程蓮士君之談話記如下：

　　程談及兩事：（一）為代理總稅務司易紈士辭職問題。先是易紈士於一月前曾南來與財部接洽一切，結果乃以書面提出四條請示辦法，並聲明如至年終不得訓令者，彼祗有辭職之一途等語，請示四點：

　　（a）現政府既新設副總稅務司，且已任滬關稅務司梅士充此席，則今後正副兩席之辦事權責不能不請大部明白規定，藉資遵守；

　　（b）二五附稅局既責成海關辦理，各附稅局原有員司又責成海關錄用，則各附稅局員司當然仍應遵守「海關人員服務章程」辦理，是仍應由海關加以考試及甄別，而海關行政費因人員之增加又當然擴大，究竟可擴大若干，還請明白規定；

　　（c）現在二五附稅，各地方政府紛紛提用，或早已充作地方公債基金，將來歸併後，地方如照舊提用，應否拒絕，拒絕無效應如何處置，如不明白訓示，則異日海關立於中央、地方兩政府之間，實屬無法應付；

　　（d）政府已決定二月一日實行新稅率，有約各國大都已修約完竣，惟日本尚未就緒，至期，日本如不允承新稅率，是否應用強力將日貨一律扣留，且其實力何

在，如聽其按照舊稅率納稅，則按照各新約規定，各國皆聯帶不能按照新率徵收，政府是否通融。

（二）為道勝銀行事，知法國新董代表已到滬，彼到滬後實地觀察結果，知從前在巴黎所主張要求中法合辦之事為不可能，已不堅持，惟彼極注意東三省方面，謂東省大有生意可做，法國如以獨立資格設道勝分行於哈爾濱各地，蓋其目的在著手中東路也，且有運用英美資本以牽制日俄之說。

1月2日　陰

【顏駿人談話】

晨起照例習拳，是日為星期三，故早餐後文欽來教乾坤劍，達齋亦同眷屬來談，未幾，顏駿人自津來會。午後楊暢卿及炎之夫婦來談，是日可記者為顏氏之談話錄如下：

彼對新訂各約簡單批評為，謂關稅約之缺點：（1）政治與通商不分，如自主為永久之自主，當然無年限，而最惠條款無有不附年限者；（2）認人不認貨，未免開門過大，將來無約國貨亦可由有約國人代運，而享受最惠待遇。

1月3日　晴

晨起練拳劍各一套，早餐後，出訪孫慕韓、于右任、張鎔西諸君，又孟和、鄭女士毓秀、孔廉白諸君來會，晚熊司令天翼邀飲，同座有朱益智、邵力子及各家屬，蓋熊、朱、邵及我四人皆濟案中之同患難者，而我

與熊、朱三人騎馬出南門之情況，至今回首思之，猶歷歷在目也。飲後又皆往大舞台看梅畹華演天女散花。

1月4日　晴

【馮煥章之還魂電】

晨起練拳一套，早餐後得金子止觀由東京來函，知其渡日原因。午後熊天翼君來談上海特別市事，意甚懇摯，乃出前數日因此事致岳軍弟函稿與閱，彼始了然於我之地位，惟仍請保留勿堅決拒絕。晚間，煥章來電（黨家莊別後，已八閱月而未通隻字）請出主持導淮事，忽囑擔任滬事，忽又邀我赴竇，政府中人之不接洽、不緻密，真是出人意外，錄煥章原如下：

黃副委員長膺白仁兄同志勛鑒：導淮一事關係下游數省民生問題，我兄以黨國碩望主掌大計，明令頒佈人民之福，望即啟節來都就職，為人民謀福利，並得密邇居處，朝夕聆教，不勝企禱。除派專員速駕外，特先電達，弟馮玉祥叩支。

1月5日　晴

【程遠帆談淮】

晨起練拳劍，早餐後，程遠帆君由杭來會。袁文欽君來教劍術，乃共談淮河疏導意見，因二君對治淮均有相當研究也。

【復馮煥章電】

傍午，孫慕韓來談，午後楊暢卿來談，乃與商定復煥章電，文曰：南京國民政府行政院馮副院長煥章兄勛

鑒，昨奉支電勸領導淮，動之以情，責之以義，迴環循誦，能勿感奮。第茲事體大，斷非病軀所能承，兄管領政樞，統籌全局，對黨對國負責益重，弟素承愛，未倘有所望敢辭襄贊之勞，京滬相隔匪遙，尤願得便承教，固不必干羈專職也，專員敦勸實不敢當，應俟抵滬面洽再託，謹陳，先此電覆，弟黃○叩歌。

1月6日　晴

【介石促任導淮電】

晨起練拳劍後，得介石來一歌電，文曰：膺白兄勛鑒，新元密歲杪校閱歸京，滿擬返滬就教，祇以羈於公務，未遑趨圖良晤，邇者東北已張新幟，區夏幸告統一，今後安集振起，悉繫樞機於建設一途，而導淮之實施，尤為當前之急務，中央近經決議，任弟與兄為導淮正、副委員長，綜司厥事。想兄以公忠體國之懷兼憂患同扶之誼，當必惠然肯來，不我遐棄也，特電速駕，不盡馳依。弟中正叩歌。

【復介石電】

是日傍晚遂復一電如下：奉歌電囑以導淮厚意頻加，感甚惶，前晚得馮副院長支電，昨已以非病軀所能任答之。翊贊吾弟素願如昔，力所能及，決不告勞，第茲事體大，考慮宜詳，可否俟編遣會議告竣，吾弟公餘擇地一晤，從表再議，何如。

1月7日　晴

晨起習拳劍，早餐後，文欽來談三點：（1）出處

要慎，（2）私交要顧，（3）國事不能放手，頗可參考。午後，煥章派劉菊村君持函（函另存）來談，即歌電所謂專員速駕者是也。傍晚，寫隸、草各六頁。晚飯後，炎之姻丈來託轉詢熊天翼相邀事，乃訪熊於其私邸（緊鄰），彼又曉曉勸出任上海市不已，然其對中山路及公安局等意氣，又對變換門牌之批評還是有氣燄而無研究之談。

1月8日　晴

晨起習拳劍，早餐後作一復書，請劉菊村事回呈煥章，婉謝婉辭並附送去筆墨各一盒（訪劉於新新旅社）。午後，寫隸、草各數頁，晚間六時半宴客如下：顏駿人、孫慕韓、周季梅、張鎔西、楊暢卿、張公權、林理源、陶孟和、朱炎之、金純孺。餐後雜談新約及財政等各端，至十一時散。

1月9日　晴

【英人懷德著《中國外交關係史略》】

晨起習拳劍，早餐後，文欽來教劍。是日「乾坤劍」各式完全學竣，計自開學至今共四星期畢乃事，此後全在持之以恆，每日之練習工夫不可間斷也。又寫隸、草各數頁。午後，讀《中國外交關係略史》，晚赴孫慕韓宅宴，同座有顏駿人、董綬金、夏隸三諸人，十時歸宅。

1月10日　晴
【冷欣介紹曹樹銘】

晨起練拳劍，早餐後，冷欣介紹曹樹銘君來談治淮事，曹為鹽城人，熟於沿淮地形，係聖約翰畢業者。又往禮查答拜顏駿人，歸途至先施公司購買雪茄、棉鞋而回。午後，習曹金碑六頁、岳飛出吊古戰場文十二頁。傍晚，郵局遞到導淮公文，祇得藏入篋中，再多一束，晚十時寢。

1月11日　晴
【李儀祉來書】

晨起練拳劍，早餐後達齋來談，又接李儀祉君快郵商導淮事，當即復請來滬面洽，並作書與仲蘇請代收集新簽各約稿全份寄滬，又寄仲勛一書商售津屋。午後，習字一小時，又周肇甫、李君孟博、楊君暢卿等先後來談。晚得莫干山楊逸才所長與鐵路聯運處張雲蓀主任來電，知白雲山館正屋改造，功將成而被一木工吃烟不慎致失焚，乃全屋燬盡。是日午後，因與周肇甫、寄岳談家務，知彼之家庭因振寐弟之不懂事及諸姊妹之任性，兒女與父親間發生極長久之齟齬，再因山屋焚去之電告，感得人生一切（無論人的、物的）無非受造化舞弄，欲脫苦海，應有「無為無愁無為有苦」之覺悟。

1月12日　晴
【與果夫談黨】

早起練拳劍，十時陳果夫君來談黨之組織，擬為三

月間開代表大會之備，予仍以去秋對介石所說各節為主張，即縱面改組取二級制，橫面改組取分類專門委員會制，庶幾地方之流弊少而黨員分類歸隊，則知識可以提高，團結可以堅固。午後，答拜周肇甫。傍晚許修直、朱炎之二君來共晚餐。

1月13日　晴

晨起練拳劍，早餐後習字二小時，又鍾伯毅、謝蘅窗、徐慶雲諸君，先後來詢導淮及上海市各事。正午赴雪園赴朱炎之姻丈席。是日星期，午後除添打劍二次外，僅與伯樵、君怡、修直等雜談。

1月14日　陰

晨起練劍，早餐後作書覆仲蘇、菊村、雲蓀、詠瞻、蓉庵（泠欣）諸人。午後，習字。又賈在申（號擯塵）來會，彼乃辛亥年予統二十三師時之營長，曾以該營充江蘇都督府衛隊，現任訓練總監，何應欽氏在當時實隸於黃營為連長，現黃仍任營長（浙江省防軍駐台州），最近始辭職，十七年不見，人仍質樸，體仍強健，可喜也。晚微雨。

1月15日　晴

【安立德《中國問題裏的幾個根本問題》】

晨起練拳劍，早餐後得詠瞻函知常玉路購槍，由熊司令天翼發照，經過杭州被省政府扣留，事雖小而從前各地槍照概須由陸軍部發，實屬正辦也。朱君達齋來

後，習隸、草書各十頁。又訪文欽，偕往日新池沐浴。晚閱美國商務參贊安立德著之《中國問題裏的幾個根本問題》甚切要（書保存）。

1月16日　陰

【李儀祉談淮】

晨起練拳劍，早餐後李儀祉兄來談導淮事，有「淮水易治人心難治，真專家不多，半專家太多，水是活物，局部形勢變更，全部均有變化，不能拘執一說」三語，實為針針見血之談，彼將於本晚啟程赴津，收束華北水利委員會事。爾後，赴七浦路636號周宅為周世兄啟瑞號振寐證婚。傍晚，趙長升由莫干山歸，知白雲山館被燬詳情。

1月17日　晴

晨起練拳劍，早餐後楊所長逸才之子楊元昌來，乃託葛敬新姻丈陪至土地局，因楊係予紹介入局充第一科辦事員也。客去後臨隸、草各八頁。午後，王有芳、姚月卿二人，自莫干山率同鄭遠安、李有功兩包工匠來談山屋被火善後工程結果，由王有芳以己產作抵，由予墊款三千元購料重造。晚間暢卿、伯樵二君先後來敘。

1月18日　陰

晨起練拳劍，早餐後作覆書四通付郵：（一）錢乙藜弟、（二）岳軍弟、（三）雲亭兄、（四）公洽兄，半皆為政治上之應酬文章也。午後習草書十頁，又作書

寄（一）清甫兄、（二）楊所長。晚飯後，天下雪。

1 月 19 日　晴

晨起練拳劍，早餐後于子昂、程蓮士等先後來談，蓮士談及亮疇、展堂、哲生在英借款說之經過，其奔走者為一英人香港大學教授Smith，以造江、浙兩省之鐵路國道為目的，以六百萬磅為數目，以專利（專開汽車）為條件（英不願專利）。午後，蘭軍來，又習隸、草各八頁。晚間微雪。

1 月 20 日　晴

晨起練拳劍，早餐後，岳弟由審來，詳述編遣會議之經過，對於煥章所提設海陸空軍副總司令等條件，幸得取銷。又暢卿、公權等亦先後來訪，談及以四行為背景連合收買新聞報館事，公權且代宋子文來語，見面約一時刻，蓋半年來，彼此未見，公權或從中調節欲來聯絡情感也。正午，蔣伯誠君偕伯樵夫婦來共午餐，下午修直來談。

1 月 21 日　陰

晨起練拳劍，早餐後，宋君子文如約來，予請其轉達介石在三次代表大會中須設法規定幾條法源，使政府得依法產生，一可以定人心，二可以絕惡例，蓋政府能有一定之時間性，則萬事始可著手，且以民元先制約法為例，彼似深了解。

1月22日　雨

晨起練拳劍。早餐後，作張季鸞、黃文叔、余精一諸君覆書，十時頃，岳弟來告晤見日使芳澤謙吉情形。午後，習隸、草各八頁，晚岳弟返賓。

1月23日　雨

晨起練拳劍。早餐後，文欽來談，偕出至先施公司購烟及搖椅二只而歸。午後，市黨部常務委員冷欣又介紹曹樹銘來談導淮，予以經費、計劃二項本可大可小，並不在意，所以不決然擔任者：（一）政治變更機關即根本易人，近年惡例，將至一事不能辦，（二）數萬工人統率不易，萬一黨部工會再去指導，真受不下，蓋所以諷示辦黨者促其覺悟也。客去後，習字二小時。

1月24日　陰

【章乃器《內工拳的科學的基礎》】

晨起練拳劍。早餐後，陳劍塵君由北平歸，帶到寓鋒送來舊墨一盒，又作書復黃擯塵、李昌明、張寓鋒三人，又習字一小時半。午後，讀章乃器著之《內工拳的科學的基礎》（附乾坤劍目次）一書，於養生之術言之極詳，予前所學之「乾坤劍」目次附錄於該書末頁。四時頃，文宗淑（號訪蘇，貴州人）來訪，文君留日多年，民五考入外交部後，又再往駐日使館服務。前在津時，曾由馬伯援君介紹來談過一次，此次彼由奉天來（在奉辦東三省民報八閱月），遂詢其聞見，彼談話極核要，東三省情形大概可覩，特記其

談話如次（摘要）：

【文訪蘇君談話】

（一）日本對東三省拓植，從前僅注意外交、軍事，對社會與經濟兩方面尚未專注全力，其人民之從事東三省者，又大半來去無定時，沿鐵道附屬地之設備亦不完全，日人不慣久羈，故二十年來全部移民不過廿萬，今後則不然，附屬地帶之水道、房屋、路政各端大致完備，其政府又竭力獎勵，近年來對土著之東三省人，在其勢力範圍內實行其差別待遇政策，同時又利用其間接移民之法驅朝鮮人入境，彼自大地震後藉口鮮人有陰謀，對於鮮人之入其本國境者，取締異常嚴重。在朝鮮境內又以法令及行政兩方面尊日而壓鮮，然若鮮人感居鮮之無味，願移居東三省者，則又優待備至，鮮人在東省亦居然得享領事裁判權之特權。而遷移時之船車費可以輕減，墾殖費可以借貸，據聞彼擬每年移鮮人五、六十萬至三省，不出十年朝鮮境內日人可先打成一片清一色，而日人仍每年有相當人數直接移入，夫僅外交、軍事之拓殖，則一旦外交變化軍事易勢，即不能完全收復。若社會基礎成立、經濟勢力確定，則永無補救之術矣。

（二）日人對滿蒙之鐵道網勢在必成，從前五路要求規模太大，既招中國人之反對，又招各國人之嫉視，既乃一變而取棄整取零辦法，即斷斷續續之短矩離鐵道得機即進行（如吉敦等線是），以便有事時，用輕便方法，一為聯貫即可以達其本來之目的。

（三）內地雜居日人，數年來對東三省之唯一要

求，祇因限於條約未能如願，然彼常用非正當手段，即
運動中國人之不良者，出面購地秘密進行，及至片段告
成始行揭曉。奉天當局攝於日威，雖揭曉後亦無可如
何，此等事在三省中屢見不一見，或植棉、或牧羊、或
採林，近更在新邱購地無數，為採新邱煤礦計也。聞新
邱礦質雖遜於撫順，量實百年而不能盡云。

（四）日人在奉天有所謂特務部者，主其事為秦少
將，聞每年機密費為六百萬元，內二百萬由參謀本支
出，餘四百萬由南滿鐵路支出，專用在偵探秘密勾結要
津及津貼中下職員，故奉天職員中有許多月得薪二份
者，然事極秘密，雖同局中人亦不互知也，即以○○而
論，彼雖為違法組織之大元帥政府時代中人，然既掛名
為教長，應稍有國家觀念，而彼之住宅即係日人所送，
可嘆也。

（五）日軍官有名荒部少佐者，此漢卿曾命伊充模
範團團長，易名曰「黃慕」，且入中國籍，忠於職守，
頗為張所信任，及張作霖被炸，漢卿與麟閣同去灤州一
帶，黃慕力勸漢卿殺麟閣，漢卿不從，黃乃憤而辭職。
今則仍用其舊名「荒部」往大連去矣。故當時滬報上有
麟閣在一小山上被漢卿捕殺之說，非無因也。

（六）至麟閣此次被殺原因極為複雜，不如報上所
傳之單純，彼因歷史關係，東省政務事事極接洽，漢卿
初繼任事事不接洽，且漢卿依然要嫖要賭，精力既不
夠，時間又不足，部屬見不到漢卿，乃請示於麟閣，此
其招嫉之原因一也。最近漢卿曾三度任麟閣以某種名
義，楊均不就，在楊不過欲保持其老臣地位，不願就一

局部之事，應可得餘暇為大計上代漢卿多計畫計畫，不料反引起漢卿之心病二也。漢卿自父死後，揮霍無度，去秋曾在離城卅里之地建一別邸，每星期至少有一度大跳舞會，由漢卿柬邀瀋陽各女校學生前往參加，至期全城電燈無光，蓋電力悉被引往別邸去也。至陽歷年底因用款不足，欲提鐵路（京奉及打通各路）及兵工廠之款，而楊、常均不予通融，于是漢卿以為不殺此二人，則東省財政不能統一，此又為促成殺機之原因三也。楊、常為至親，楊管兵工廠，常總管東省鐵路，彼等當張作霖在日經數年之經營，完成打通鐵路（由打虎至通遼），此路與南滿平行，可由京奉直達齊齊哈爾，故大招日人之嫉，楊、常結合多年以來，均主張鐵路會計獨立，冀以其餘利完成全線也，不料內遭漢卿之怨，外受日本之嫉，而楊、常遂不免矣，此其原因四也。近年楊、常自身亦欠檢點，生活較奢，出言不慎。楊自張作霖死後，大唱開放主義，謂欲保全東三省，惟有「對內開放，對外開放」八字，對內開放者謂東省人材不足應，廣攬各省人材也。對外開放者謂東省日本壓迫太甚，應聯絡英美以資牽制也。不料前者招舊派之反感，後者招日本之反感，于是漢卿左右之對於楊、常，大有國人皆曰可殺之概，而楊、常死矣，此又為其被殺之原因五也。

（七）楊、常既死，漢卿又少而多慾，田中西進政策日進不已，東三省在今日實可謂危機四伏，一觸即發。田中去年之炸死張作霖，本有整個的計畫，意在解決滿蒙問題，祇因時機未準確，以致功虧一簣，此一年

中田中之對華政策可為一無成就，此次國會雖開幕，
逆料田中仍可蟬聯（田中已為日本軍閥政治之獨養兒
子），但若明年議會開時，再無成績，則軍閥政之命運
或將告終。密聞田中毒計在本年中中國政局如起糾紛，
或全部或局部有戰事行動時，彼將抄襲去年在魯之辦
法，藉口保護日僑生命財產及鐵路屬地之安全，要求東
三省政府退出瀋陽沿附屬地若干里內，不准駐兵，換
言之即東奉天乃完全佔領也，此則我當局不能不警戒
者。此外對於東三省之輿論指導（日受日人之宣傳與催
眠），及兵工廠轉移各節（日人大注意于此，一旦有事
必落日人之手），均有談及，惜乎今日局勢無論朝野各
方面均非足以語此，奈何。

文君談畢，予乃作一介紹片，請其往審與岳軍弟，
冀得轉達介石弟，或可以供參考。適何敬之兄來訪，因
文君為貴州人，與何有同鄉之誼，乃順便介紹一見之
後，又與敬之詳述予本年以來澈底覺悟之人生觀，異日
當另錄之。

1月25日　晴

晨起練拳劍，早餐後，文欽來述松井石根少將此次
偕芳澤謙吉公使來滬，將赴歐洲考察，此行須一年歸
國，堅求一見。且謂多年舊好行將遠行，僅完友誼，不
談政治等語。予因濟案未了，應知迴避，仍以婉辭謝絕
之。未幾達齋送先父墓誌銘拓本來，乃連同宗祠記分別
寄與大哥、三哥、修直、稚暉、方還諸君，及堯年姪、
松仙老伯各一份，松仙老伯者，名姚前琪，松江人，前

清時與先父為知好，同在浙江候補，為今日碩果僅存之
父執，故寄與一份以留紀念。午後，習字二小時，五時
暢卿來雜談，六時楊君公召來，述及農礦部對濟明油池
公司與勞働大學賣地事，將與上海市政府有所交涉。

1 月 26 日　陰

　　晨起練拳劍，又出溜 Jack 一次，早餐後，孫慕韓
君來贈攝影一枚，並述及擬遷寓杭州，欲購房屋一座，
需款萬三千元，囑向介石說項求援助，夫孫因為浙中老
輩，然對一毫無私交可言之當局欲其代置產而居之，實
屬不情之請。予亦祇能勉允代請而已。午後四時半，黃
伯樵君來邀往看電影，乃偕至加爾登，棲滬兩年多，此
為第一遭。晚飯後，陳公洽來談，十時半去，又是日君
怡內弟得一子，其八字為戊辰、乙丑、辛未，○戌。

1 月 27 日　陰

　　晨起練拳，早餐後，至慕川太姻丈家行祭禮，又順
道訪君怡，見其新得之麟兒。十一時歸家，知介石來
訪，適因不在，留片而走，據說寓西摩路宋宅，電詢尚
未歸宅。午後，熊天翼來談，四時半赴宋宅見介石，關
於大局問題之意見得機一述，惟彼仍以出任上海市為
請，予緩詞辭謝，談至七時歸，在介處見丁惟汾、劉文
島等先後出去。

1 月 28 日　陰

　　晨起未練拳劍，早餐後作書寄清甫、宸父、蓮士、

續之、慕韓、岳軍、止觀諸人，又金純孺來談出使事。
午後，振寐弟來謝證婚，力勸其事父母以心不以形。駐
荷王公使吉孚來邀要介紹往謁介石主席，乃作書與岳弟
引見。亞農又來雜談，彼對「聰明材力」四字之具備性
的解釋，及對「死生有命、富貴在天」兩句之積極性的
解釋，獨具慧心，堪資韋佩。傍晚暢卿來，打聽見蔣談
話消息，十時寢。

1月29日　雨

【王力著《老子研究》】

晨起練拳，早餐後作書寄仲勛姻丈，為唐宗郭討論
疏濬沂沭事，又作書復徐生士俊，又習字一小時半。午
後，讀《老子研究》一書，知老子學說可以三語括之，
即「吾有三寶，一曰慈、二曰儉、三曰不為天下先」，
是已至其戒矜、慎事兩節尤當書伸。

1月30日　晴

晨起練拳劍，早餐後，文欽來雜談，又習字二小
時。午後，馬雲亭君夫婦自甯來訪，馬係回教，藉此機
會以探詢回教之大概原理，並述我之人生觀以相印證。
晚間乙藜弟由甯來談，帶到淮導委員會特任狀兩件，亦
祇能收之以藏篋而已。

1月31日　晴

晨起練拳劍，早餐後達齋由蘇州歸，報告墓志
銘、宗祠記已運來，又習字二小時。午後，讀《楊墨

哲學》數十頁。

2月1日　陰

晨起練拳劍，早餐後赴東亞旅館回訪馬雲亭。是日為星期五，回教以星五為禮拜日，雲亭出做禮拜，僅遇其夫人，略談即歸。伯樵、君怡來談，濟明油池公司與勞働大學浦東購地糾葛，與越界築路交涉經過情形。傍晚，暢卿來談蔡增基君欲整理滬寧購煤事，上自洋總管下至伙夫均暗中作梗等情事，蓋中國已無往而非舞弊世界，欲與此種惡心理、惡勢力鬥，寡不敵眾，暫不敵久，徒見其先自倒而已矣。

2月2日　晴

晨起練拳劍，早餐後，達齋偕志萬來述墳屋修理、墓碑裝運等事畢，習字二小時。午後，讀楊墨哲學數十頁。晚，炎之姻丈及和姨來雜談。

2月3日　晴

晨起奇寒，閱報知已在零度下十度，練拳劍各一度。早餐後，徐叔謨來述交涉修約經過，及純孺使荷，彼將來滬繼純孺缺。又公權來談中央銀行與中國銀行間談判情形，知俄、德、奧諸國之庚款已收歸中央，查各款於整理基金案有關（即內國公債整理基金二千四百萬元）。現中央銀行雖執定對政府不放款政策，然一旦總裁易人，不能與財部抗，或過本年後財政復陷窮窘時（本年因關稅增收約可多二千餘萬元，故連編遣公債約可發公債一萬萬元），則飲鴆止渴在所不免，果爾，將有搖動金融根本之虞，此則至堪注意者也。午後，修

直、鑄夫、震修等先後來訪，震修將北行，蓋將助石曾
等為其改組農工銀行也，震修力勸我多闢消遣門徑。

2 月 4 日　晴

　　晨起練拳劍，早餐後，張希騫君由甯來，彼將結婚
（陰歷十二月廿七日，即二月六號），請求為之證婚，
蓋張為舊二十三師參謀，其時予為師長，介石為團長，
皆有同僚之雅。故此次特約予與介石二人共為證婚，客
去後，習字二小時。午後二時，出訪宋子文，所以回其
日前來訪之禮也。

2 月 5 日　陰

　　晨起練拳劍，早餐後，三哥由杭來述二哥葬墳事，
又習字二小時。
　　【蔡增基來訪】
　　午後，暢卿偕蔡局長增基來訪，蔡頗精明強幹，又
程遠帆由北平歸，述及王賡（綏卿）所說白部情形。又
何傑才送來會丈局最近所做各種舞弊文證情事，真所謂
官商相結、內外相勾。

2 月 6 日　陰

　　晨起練拳劍，早餐後岳軍弟由甯來談，知馮煥章已
返豫，並與之談及宋子良事。岳弟去後，習字一小時。
午後，赴大東旅社為張希騫君證婚，歸後，吳立凡、周
亮才二君來訪。傍晚，趙叔雍偕莊思緘先生來談。晚
間，岳弟來託墊送暢卿（蔣敬禮）款事。

2月7日　晴

午前訪暢卿於其寓邸，代介弟送年敬三千元，暢卿堅辭不受，談判再三，僅允受禮物不得過百元等語，不得已祇能攜回函告岳軍轉達介弟收回而已。午後，讀「楊墨哲學」數十頁，晚間，伯樵、君怡來。

2月8日　晴

晨起練拳劍。早餐後習字二小時，又作書寄岳弟。午後，讀書三小時，晚間，炎之來談。

2月9日　晴

晨起練拳劍。早餐後，出赴一品香答訪莊思緘先生，談佛、談人生觀，思老贈我錢伊庵先生輯《宗範》三本。午後，習字二小時，讀書二小時。是日為陰歷除夕，故晚間用香燭行祭祖禮，和姨全家來會食。

2月10日　晴

晨起練拳劍，又出散步約行六、七里路。早餐後，蔣伯誠、黃伯樵、李曉垣、張伯常、沈君怡、沈義舫（婿）同女蘭軍及敏芳二外孫女，循例來拜年。除李、張二君外，均留午餐。午後，岳弟夫婦、暢卿、修直及駐甫夫婦、傑才等先後來拜年。

2月11日　陰

晨起練拳劍。早餐後，文欽夫婦、達齋夫婦女同其小姐，震修夫婦同其世兄來賀年。午後，出訪伯

諶、岳軍。晚在寓讌劉菊村夫婦，請熊天翼夫婦及岳
軍夫婦作陪。

2 月 12 日　晴

　　晨起練拳劍。早餐後，出訪震修、文欽、達齋、
鑄夫諸家，在鑄夫家遇趙成志兄。午後，和姨、炎丈
來敘談。

2 月 13 日　晴

　　晨起練拳劍。早餐後，公權來談宋子文對宋子良任
會丈局事，似對購地問題有所探詢，應慎也。正午赴大
華飯店岳弟招讌席，同席有沈衡山、殷鑄夫、殷亦農、
趙鐵橋、王子謙、歐陽振聲、俞寰澄、趙成志、傅墨
正，張淡如、趙叔雍、林知淵、鍾伯毅、許達夫、楊暢
卿、蔡增基、張鎔西、李曉垣諸君及各君夫人。午後，
訪亮才、炎之兩家。

2 月 14 日　晴

　　【蔣維喬著《楊墨哲學》】

　　晨起練拳劍。早餐後，李孟魯、朱蘭蓀二君來訪，
與李談哲學，與朱談北方政治。又出訪暢卿、修直兩
家。午後，讀《楊墨哲學》竟。傍晚赴和姨家談敘。

2 月 15 日　陰

　　晨起練拳劍。早餐後，潘泰初、黃仲蘇先後來訪。
午後，徐聖禪、沈志萬、劉芷函諸君先後來訪，又讀書

二小時，晚間，伯樵來閒談。

2月16日 陰

【陳此生著《楊朱》】

晨起練拳劍。早餐後，潘連茹偕閻百川之秘書長賈君來訪，與之談河北省外對日本、內對產業上之重要。又李石曾兄亦來談黨政各情形，予出去年致介函稿與之閱（函稿另存，表面上致岳弟）。午後，讀《楊朱》竟，又習字一小時。晚間，君怡弟來閒談，十一時去（是日為父親忌辰，祭祖行跪拜禮）。

2月17日 晴

晨殷亦農君來述日本外交經過及最近轉迴情形。又習字二小時，午後，陳公洽、劉定五、楊暢卿諸加先後來訪。

2月18日 晴

【王芃生來談對日問題】

晨起練拳劍。又帶茄克出，散步歸。早餐未幾，文欽偕王君大楨（號芃生）來訪。芃生新自日本來，彼奉王儒堂之命赴日做宣傳工作，留日三閱月，社會方面頗收相當效果。惟政府方面仍未改其舊政策也。王君對日研究頗深，口才亦妙，可為異日對日外交之一好人選。午後，習字二小時又讀書二小時。

2月19日　晴

　　晨起練拳劍，又出散步，定購花藍一只，蓋是日為陰歷正月初十日，即夫人亦雲卅六歲初度之日，所以誌祝意也。歸早餐後，客續至，計有炎之、達齋、文欽、伯樵諸君夫婦，及墨正、志萬、季良、傑才、亮才、芷采、修直、君怡諸兄，蘭兒率其長女敏亦來盤桓竟日，鑄夫兄夫婦率其大、次兩小姐，岳弟夫人率亞蘭、熙麟等來表祝意後即去。可以見吾國習慣之不易改簡也。晚間六時赴全浙公會褚慧僧兄之宴，同席有殷鑄夫、趙成志、張申之、姚詠白諸人。

2月20日　陰

　　晨起練拳劍。早餐後，習字二小時。正午，赴和姨家招宴，蓋是日為安姨與楊君公召行訂婚禮，借和姨處設讌款客也。同席唔多年不見之楊誓子兄（即公召父親），年已五五，鬚髮半白矣。

2月21日　雨

　　【《曹全碑》、《弔古戰場文》】

　　晨起練拳劍。早餐後，習字三小，隸書臨完《曹全碑》，草書臨完《弔古戰場文碑》，午後讀書。

2月22日　晴

　　晨起練拳劍。早餐後，沈崟三君偕英人懷德男爵來談，彼對中意、中比等約觀察，似將來可由英折中改正云云。又熊哲民亦來訪，略談而去。午後，至新華池沐

浴，傍晚訪張公權（晚岳弟由甯來談大局）。

2月23日　晴

晨起練拳劍。早餐後，程蓮士來訪，告我財部鹽
務署編譯處長事。午後，徐聖禪來談閩省政狀及財政
事務。

2月24日　晴

晨起練拳劍。是日為陰歷元宵又適值星期日，炎之
姻丈約吃午飯，故早餐後出訪曾雲浦於其寓，又訪岳弟
於其寓，知介弟（由甬）至滬，為湘主席魯滌平被迫離
職事有所商榷，此事可大可小，處置不當將為時局破
裂之導火線。有主張絕對容忍者，有主中央威信說者，
有主張有條件之容忍者，予以三說中，當以有條件容忍
為最折中，然恐桂方併條件而不受，豈非失威信之上重
失一層威信，故主張順水推舟，仿曹孟德派人追關羽不
及，則託詞贈袍之故事處之。託岳弟轉達此意於介弟，
即赴炎之姻丈處午宴。午後，陳果夫代表介弟來約，午
後五時在宋宅談敘。予如約往，當將予對湘省事意見面
達介弟，頗以為然。惟今後根本辦法不能不亟籌耳。介
弟臨別又以滬市長事相要，予主可暫由秘書長或局長代
理，姑俟代表大會畢後再議，是晚介、岳兩弟同赴甯。

2月25日　雨

晨起練拳劍。早餐後，因下人不忠職，斥去趙長
升。十時暢卿來談時局，推演應設法預防等語，又遠帆

來告返杭。午後，暢卿約同劉定五君來共謀預防時局破裂之策。定五允赴百泉謁煥章，陳述大勢，總以相忍為治，全黨合作無論為對內對外計，萬不宜再有軍事行動為前提。又修直來商赴無錫遊覽程序，蓋予為避壽計（陰歷正月廿八日，即陽歷三月九號為予五十初度）將遊無錫也。晚赴君怡宅，為其子滿月。君怡宅出，又赴慕川太姻伯宅壽讌，晚十時歸。

2 月 26 日　雨

晨起練拳劍。早餐後，出訪伍光建（號昭扆）君（沈崑三介紹），歸宅後發帖十二份，預備讌懷德男爵。午後，習字二小時，何傑才君來雜談。晚間李曉垣兄來談佛學，力勸往謁大愚法師。

2 月 27 日　陰

晨起練拳劍。早餐後，文欽來告有野轉達芳澤，意欲見予。文欽已代辭謝，又墨正來欲有所獵，予說諭之，留午餐等。午後，偕曉恆兄、伯樵夫婦及景英夫人同謁大愚法師，受「根本咒」、「心咒」、「隨心咒」而歸。在該寓遇陳元伯、王勇功、方韻松諸同學，及歐陽駿明、鍾伯毅二君，蓋皆欲求解脫而來者也。又習字二小時，晚如約念咒以求明心見性。

2 月 28 日　晴

晨起練拳未練劍。早餐後，朱達齋君來談，又習字二小時。午後，暢卿來告時局消息，知各方依然走從前

北洋軍閥屢走而未通之故道，國事前途至難樂觀也。晚
讀經三小時。

3月1日　陰

【陳拄《老子》】

晨起練拳劍，早餐後習字二小時。午後，接大愚法師電召往另受「普賢咒」而歸，并授靜坐觀心法，又讀《老子》書竟，覺其「善行無轍迹，善言無瑕讁，善數不用籌策，善閉無關鍵而不可開，善結無繩約而不可解」五語實多安心立命處世事奉公之第一要訣，然至不易學到也。晚間，欲學靜坐，覺四肢溫暖，確能安神定心和氣血，今後日課中又功一課矣。

3月2日　晴

晨起練拳劍，早餐後，岳弟自甯談兩湖情勢，予力勸盧靜擔任國家領導，萬不可意氣用事。正午，在大華飯店宴請懷德男爵夫婦，陪座者有伍昭扆、曾雲浦、沈崑三、何傑才及程遠帆夫婦、程蓮士夫婦，晚做靜坐課。

3月3日　晴

晨起暢卿由甯來，約定十一時劉君定五須來會，又馬彝初來訪，因許久未見，來週旋而已，至十一時半，暢卿、定五二君同來，乃出赴四馬路梅園小酌，飯後，又至東亞旅館暢敘，對於時局有所討論，予力勸定五轉告煥章「努力不可誤方向」，并須注意日本外交，萬一牽動全局，又為田中造機會等語。午後，陳公俠、張公權先後來談，陳儀報告見德鄰後情形。張來探消息也。晚做靜坐課。

3月4日　陰

　　晨起練拳劍。早餐後，岳弟又由賓來談滬市長事，決定由岳擔任，予遂電介石。又震修由北平歸，帶到馮幼偉君送我老松一軸，極有氣魄；又黃秋岳君對聯一對，均為我五十初度祝也。國事如此，受之慚甚，深望六十初度時，國家能有軌道可循，於願足矣。午後，修直來談赴無錫觀梅事，蓋將藉此以避壽也。晚做靜坐課。

3月5日　晴

　　晨起練拳劍，早餐後，文欽、達高、純孺、遠帆諸君先後來訪。午後，習字二小時，蘭兒偕敏孫來遊，晚炎之、君怡來訪。

3月6日　晴

　　晨起練拳劍，早餐後，仲蘇、仰先及孫慕韓諸君先後來訪，又習字一小時。午後，易寅村、金九如、汪叔明諸君來談，晚做靜坐課（以後日記，晨起練拳劍名曰動課，晚靜坐名曰靜課）。

3月7日　晴

　　晨起做動課，是日為陰歷正月廿六日，各舊友借薛華立路聶宅，預祝廿八日之五旬初度。予匆匆半百，自問功業不足以報國家，行能不足以以福社會，何敢言祝，且做壽一層平靜極不贊同，故擬出遊無錫觀梅，藉以避壽，不料各舊友不肯放鬆，為有範圍有限度之歡

聚，至情又不可卻，祇得隨緣從俗領受盛意，是日在聶
宅歡聚半日，又共同攝一影以誌紀念。晚做靜課。

3 月 8 日　晴

　　晨做動課，早餐後，赴北站上車赴無錫，同行者除
景英夫人外有修直、文欽、達齋、廉白諸君及仲完姊，
午刻棧無錫，寓新世界旅社。午後遊惠山，晚做靜課。
（廉白當日歸滬）

3 月 9 日　晴

　　晨做動課，又至無錫城內視察一遍，是日為予五十
初度日，震修、伯樵二君由滬來錫陪遊，即乘船開赴黿
頭渚，在陶朱閣品茗，并在太湖邊旁攝一影，再由黿頭
渚乘船赴梅園（渚為錫商場，渚西經營，園為錫商榮
宗敬經營）。渚北為五里湖，渚南為太湖，即在船中午
餐，無錫船菜精美，真是實至名歸。又梅園內附設有太
湖飯店數千株梅花，統在一目之下，且正值盛放之時，
倚欄觀望，時覺清風送香來，真可樂也。是晚即宿飯
店，仍做靜課而睡。（震修當日歸滬）

3 月 10 日　晴

　　晨起至山頂做動課，早餐後環游梅園一週，攝有各
影。午後，乘一時半車赴蘇州，寓鐵路飯店并遊留園、
觀前而歸。蘇有和平安逸之氣，故近年移居蘇垣者甚
多，非無以也。晚做靜課。

3月11日　晴

　　晨做動課，早餐後乘汽油船赴天平山遊覽，在缽盂泉品茗，該山遊轎有婦女捐者，實初次見也。該山全山石筍遍立，確是奇觀，山麓有范墳，乃范文正高祖范隋之墓，予等在墓前及白雲泉、白雲亭、一線天各地均攝有小影，歸途順道訪寒山寺，大殿內有日人寄附一鐘，上刻「伊藤博文詩」。回又遊虎邱，所謂「生公說法、頑石點頭」之處，在冷香閣品茗，閣內有壁對一聯頗佳，文曰：「潭水光中塔影，梅花香裏鍾聲」。是日即在船中便飯，歸寓已午後四時，當晚乘車返滬，十時抵家。

3月12日　晴

　　晨做動課，早餐後暢卿、岳軍先後來談湘局變化，暢卿并由甯帶來和平辦法意見一張，囑向石曾、稚暉、靜江等進言。予對政治不聞不問已十閱月，然此事關於國家安危全局，奔走和平終合天道，故慨然允之。午後，電約石曾、靜江二君來談（稚暉未到）。意見不甚相遠，當晚石、靜諸君即偕李任潮君赴甯，似大局或尚有轉圜之望也。晚做靜課而睡。

3月13日　晴

　　晨做動課并帶Jack出散步歸，早餐。九時李功范、朱達齋先後來談關於津屋出租事，又鑄甫夫婦同來送松一軸祝壽，領而懇感。午後，陳圓白君來訪為余解說佛理二小時，又黃鑄九來訪，客去後，閱書一小時

半。讀竟「虎禪師論佛雜文」，晚做靜課。

3 月 14 日　晴

晨做動課，早餐後，文訪蘇，偕靳宗岳來訪後，午後二時，訪大愚師，途遇曉垣兄，同往日新池沐浴，又偕訪張伯常君，晚赴君怡宅讌，歸做靜課而睡。

3 月 15 日　晴

【《裴相發菩提心文》】

晨做動課，早餐後，文欽、公權先後來談，公權以梅花壹軸為我壽。

午後二時又訪大愚師，初受大法，擬明日起行，歸讀竟《裴相發菩提心文》。傍晚，朱鳳千君來談。夜間做靜課而睡。

3 月 16 日　晴

【是日起戒酒并做大愚師授靜課二小時】

晨做動課，早餐後，達齋來籌商請客次序，又習字一小時半。正午至飛霞飯館讌客，是日男女客約六十餘人，共七桌，乃回請日前送壽禮者也。午後，歸自思既做靜課最少應戒酒，乃立願自本日起，此生與酒絕緣，夜間做靜課兩小時。

3 月 17 日　晴

晨做動課，早餐後，電約文欽來託往訪矢田七郎病。午後，岳弟自審來告我，時局又由和平而趨於嚴

重，詳述北部唐孟瀟之關係，中部煥章之情形，并任潮
在甯之起居狀況，和戰事已不可免。殆定孽歟。傍晚，
炎之夫婦來便晚餐，兼做靜課兩小時。

3月18日　晴

【《發菩提心論》】

　　晨做動課，早餐後文欽來回報代訪矢田經過情形，
蓋彼此處境相同也。又寫字一小時半。午後，李君石曾
來談赴甯後情形，及提議要指派我充三次代表大會代
表，其情至感，其事多累，不實現最好也。李去，予即
做靜課兩小時，七時晚餐後，讀《發菩提心論》一卷。

3月19日　晴

【《普賢行願品》】

　　晨起做動課又出散步，早餐後，文欽、達齋來雜
談，客去，習字二小時。午後，讀《普賢行願品》一
卷，又做靜課二小時。傍晚，曉垣偕冷君禦秋來談，即
用晚餐。

3月20日　晴

　　晨起做動課又出散步，早餐後，文欽、達齋來談金
融界情形，又公權來談宋子文籌戰費、蔣百里買房屋等
情。正午，赴大華飯店李拔可君席，同座除熟人外，有
王雲五君。三時半歸，張府南、李孟博二人先後來訪。
傍晚，石曾來告靜江、敬之等消息，并稱靜江復石曾電
囑不必去甯，綜察各方情勢似戰事已不可免矣。晚飯做

靜課三小時而睡。

3 月 21 日　晴

【錦漢著《佛學八識之批評及研究》】

晨起做動課，早餐後讀錦漢君著《八識之研究及批評》。又習字一小時。午後，震修來談時局，獨具隻眼，而對主奴之說尤為精闢，與佛家自心作主說暗相符合，客去，做靜課兩小時。晚間與伯樵、君怡等雜談。

3 月 22 日　晴

【完成第一契】

晨起做動課又出散步，購「檬古」而歸。早餐後出訪陳蘭生君於滄洲飯店，知伊選飲酸牛乳及摩擦術以養生及收劾。午偕家族及伯樵夫婦至梅園酒家小吃。午後，做靜課兩小時（第一契完成）。傍晚，李君曉垣來談各處消息并並共晚餐。

3 月 23 日晴

晨起做動課，早餐後，文欽來約矢田七太郎將於午後五時來會。又習字一小時半。又接亞農函告已南歸，并附寄《初春歸普》詩一首曰：「兵後山河未改常，晴和春裏又歸鄉。山根猶有隔年雪，歲首幾無即日糧。俗厚不知納稅重，民勤祇是為官忙。可憐口惠盈天下，南北東西籌賑忙。」蓋嘆時之至者也，當作一復寄之。傍午，殷和農君來又張鎔西君來。午後，訪大愚并介紹亮才，囑第一契再補加三天，歸途順道訪鍾君伯毅，晚做

靜課三小時。

3月24日　晨微雨即晴

　　晨起做動課，早餐後，蘭兒來託辦護照事。十一時赴梵王宮飯店，蓋是日為楊君晳子之公子公兆君與敬安姨結婚，往觀禮，即在該處午餐。午後，做靜課兩小時，晚又赴梵王宮，應晳子君陪席。

3月25日　陰

　　晨起做動課，早餐後，李曉垣君來談，又習隸字一張，正午在家便飯，約文欽夫婦、達齋夫婦、炎之夫婦同席。文欽夫人代燒魚翅有特味，故有此聚也。午後，歡聚半日，晚赴巍舅處喜讌，歸做靜課兩小時而睡。

3月26日　陰

　　晨做動課，早餐後，出訪馮幼微君不遇，又訪沈衡山君，談一小時半，又訪楊晳子君，偕赴梁鼎甫宅午飯，同座有杭州昭慶寺常惺和尚，飯後偕訪大愚法師，傍聽大愚與夏午貽、鄭沅、楊晳子諸君之先後論難畢，予受「第二契」，四時歸，做靜課兩小時，晚飯後，閱書一小時。

3月27日　陰

　　晨起做動課，早餐後，文欽來談山東製糖廠事，蓮士來談鹽署與財部所聘之美顧問團事，又習字一小時半。午後，文欽又來談蔣百巍君欲約期會晤事，又做靜

課兩小時，晚間，許修直君來晤。

3 月 28 日　陰

晨起做動課，早餐後，易寅村君由甯來，云擬往西湖購地為退隱計。午後，蔣百巍君來商浙江治安問題，蓋亦一不厭風波之人也。又暢卿自甯歸，云將赴潯，且告我最近在甯聞見。晚飯後，做靜課兩小時而睡。（是日復林烈敷一函）

3 月 29 日　陰

晨做動課，早餐後，文欽、達齋來談，又閱書一小時。午後，做靜課兩小時，又震修、純孺先後來訪，純孺告我重光葵（日領）談話云云。傍晚，暢卿又來閑談。

3 月 30 日　晴

晨做動課，早餐後，徐繼庾、黃仲蘇先後來訪，又岳弟自甯來商就滬市長職事。正午，赴梅園讌譚禮庭君，請暢卿作陪。順道至商務印書館購《老子八十篇》而歸。午後，代岳弟徵求文欽、達齋、亮才、繼庾等人同意。傍晚，伯樵、君怡、炎之先後來探新市長消息。晚飯後，做靜課兩小時。

3 月 31 日　晴

晨起做動課，早餐後，文欽、達齋、績之、繼實、亮才諸君來。未幾伯樵、炎之、君怡三人又來，均為之

介紹岳軍（電約岳弟來宅），分配職務及商議明日岳弟
就滬市長職程序，此亦隨喜功德之一也。義舫、蘭兒帶
敏孫亦來共午餐。午後，曉垣、清甫、堯年、石曾、靜
江諸君亦先後來談。晚間，做靜課兩小時而睡。

4月1日　晴

晨起做動課，早餐後，廉白、聖禪、緯衡諸君先後來訪，又作書寄施國標，定種花木。午後，整理書籍，晚做靜課參小時。

4月2日　晴

晨做動課，早餐後，出訪幼偉又整理書籍，午後，震修、炎之先後來談，晚做靜課兩小時。

4月3日　晴

晨做動課，早餐後，岳弟來談市政、時事，昌弟來談鎮江縣事，傑才來談會丈局事，及勸戒輪盤事。午後，整理文件，晚間做靜課三小時而寢。

4月4日　晴

晨起做動課，早餐，炎之姻丈來取款，因已代購定善後五股（七四、五〇）。蓋予既不出任事，即無收入，而尚未證道，又未能離世，故不得不為此打算，以支經轉也。又作書復施國標、花匠林鐵錚先生、叔汀三哥。午後，整理外交文卷及辦理審案函電，晚間做靜課參小時就寢。

4月5日　晴

【清明節】

晨做動課，早餐後（是日為陰歷二月廿六日，係清明節），市政府人員因是日放假，先後陸續來敘。最

後，岳弟夫婦來共晚餐而散，晚做靜課三小時。

4月6日　雨

晨做動課，早餐後蘭兒帶敏孫遊，傍午亞農來談。午後，繼實、廉伯、修直諸君先後來訪，傍晚，曉垣兄來，知將有北行，且可測時局轉移或對桂、對豫大有一氣呵成之勢，晚做靜課兩小時。

4月7日　晴

晨做動課，早餐後，為仲梅亡兄書扇面二片二件，係民國十六年秋亡兄親來滬囑書者，因種種塵世因緣，未得間以握筆，而仲梅二哥竟不及待逝世。本年春葬兄於俞家匯祖塋之側，豫定一星期後將往掃墓，乃抽暇書之，將焚化於墓前，二哥有靈，或亦鑒原。嗚呼！物是人非，臨池黯然。

4月8日　晴

傍晚雷聲微作同時且下冰雹

晨起做動課，早餐後，赴金城保險庫，又至先施購零件。正午，墨正來偕午餐。午後，赴市政府訪岳軍。傍晚，君怡來商行政處置車夫事，晚做靜課兩小時。

4月9日　晴

晨做動課，早餐後，志萬來，略坐即去。予乃繼續整理箱件。午後，震修來取款壹萬，因代定中行股票額面貳萬（說定五三），彼又預言浙省政之將來。震修

去，蔣伯誠夫婦偕仲完姊來，伯誠送來余紹宗畫松樹立
軸一幅，又松樹手卷一個。未幾，許修直君亦來共談。
傍晚，廉白來代運去大小箱件共廿件赴莫干山，聞將派
陳文博押運。晚做靜課兩小時。

4 月 10 日　晴

晨做動課，早餐後，達齋來結賬，虧去 2590 元。
未幾，蘭兒來告我玉光被革事。午後出，赴溫泉浴室沐
浴。傍晚，炎之姻丈來，面託赴山後在滬代處置各事，
晚做靜課兩小時。

4 月 11 日　晴

晨做動課，早餐後，季實由蘇歸來，述仍擬北往。
正午，赴和姨宅午飯。午後，做靜課兩小時。傍晚，伯
樵、君怡、岳軍夫婦先後來，十時散，就寢。

4 月 12 日　晴

晨五時起，做靜課兩小時，八時赴車站，往嘉興掃
墓。正午到，察看墳屋已修理完竣，叔汀三哥監工頗為
得力。是日粟香族兄由松江上車同往，蓋彼係信風鑑說
者也。午後，在煙雨樓小憩，晚車赴杭，十一時到城
站，伯誠兄來談省政。夜掛車赴橫宸橋，即寢車中。

4 月 13 日　晴

（在莫干山）晨七時雇汽油船赴三橋埠，十一時
到，在埠頭便午餐後，即乘轎上山，四時二十分到山，

點收箱件後，張雲蓀（鐵路主任）、王有芳（造屋保人）、楊逸才（公安所長）、趙才標（管理局長）諸君先後來會，晚餐後，做靜課兩小時寢。

4月14日　晴

晨起做動課，早餐後，到509號察看工程，見週圍大梧桐樹悉被去冬失火時燒死，最可惜也。惟王有芳保人卻極負責，此人為安慶人中成功者，乃知無論何人成功必有特質，決非偶然者也。午後，發篋陳書，并整理雜件，晚餐後，做靜課兩小時。

4月15日　晴

【植樹】

晨起做動課，早餐後，習字兩小時，又作書寄炎之、伯樵、君怡等報告抵山情境。午後，杭州運花木到山，指揮栽種半日，晚做靜課兩小時就寢。

4月16日　晴

晨起做動課，早餐後，因昨日花木尚未栽竣，又植樹半日。午後，復岳軍一電，因彼來電商上海特別市財政局長人選故也。又做靜課兩小時、動課半小時，晚因眼痛早眠。

4月17日　晴

晨起做動課，早餐後，出散步，遇逸才警察所長，稍雜談，歸習字一小時。午後，做靜課兩小時。五時天

雨，滿山雲霧，氣候亦驟寒冷，然於新植之花木，實大
有裨益。晚餐後，又靜坐一小時而睡。

4月18日　晴

晨起做動課，又至陟岵亭散步，聞去冬山上大雪高
積至六七尺，而此亭雖建在四面當風之地，卻無絲毫損
壞。歸早餐，餐後，習字一小時半。午後，在白雲山館
與王有芳、楊逸才察看工程，晚做靜課兩小時。

4月19日　晴

晨起做動課，又至鐵路旅館散步，早餐後，習字兩
小時。午後，得暢卿由漢來電，商以益生補粵交涉員，
鳳千為外次，囑為先電達意，乃電幼偉、公權、震修三
人託為分別轉電，晚做靜課兩小時。

4月20日　陰

晨起做動課，早餐後，習字一小時，王有芳來借工
費貳百元，又作書寄烈敷，勸繼續去冬之說，往遊粵。
午後，復電暢卿，又至白雲山館加種薔薇、竹樹。晚做
靜課兩小時，十時後，徹夜風雨。

4月21日　晴

【《圓覺經直解》】

晨起做動課，早餐後，作復書寄文欽、鵷仙、昆
吾、子謙、仲勛諸君，又習字一小時。午後，讀《圓覺
經直解》十數頁，復出散步，途遇周君佩箴來山，晚做

靜課兩小時。

4月22日　晴

晨起做動課，早餐後，習字兩小時，又作書復施國標，囑運柏樹來山。午後，出外遊玩，至傍晚歸。夜做靜課兩小時。（是日得蔣電囑，籌劃導淮）

4月23日　晴

晨起做動課，又至陟屺亭散步，早餐後，復介石弟電（允為籌劃，但未允就副席），又習字一小時，又寄書（岳軍、君怡）兩弟（談君怡來山商淮水事）。午後，出看工程，晚做靜課兩小時。

4月24日　晴

晨做動課并出散步。早餐後習字兩小時，又作書，報炎之姻丈已代訂503屋，付定洋百元。午後讀《圓覺經直解》數十頁。晚做靜課兩小時。

4月25日　晴

【《圓覺經直解》上卷】

晨起做動課并出散步。早餐後習字兩小時。又作書寄震修附去86號屋租條一紙，計洋350元，又匯票一紙計洋750元，合共1100元。續付中行股尾數六百，又匯日補助學生五百，另又附去中行股暫時收據一紙。爾後得岳軍電，知君怡將於廿七日來山，除復電接洽外，讀《圓覺經直解》上卷終。傍晚風雨，晚餐後做靜

課兩小時。

4 月 26 日　晴
【《圓覺經直解》下卷】

　　晨起做動課。早餐後習字兩小時。午後讀《圓覺經直解》下卷終，晚做靜課。

4 月 27 日　陰

　　晨做動課，早餐後習字兩小時。又作復書寄沈崑三、吳震修諸君。午後做靜課兩小時，晚君怡由滬來談至十時始寢，不料十一時半復有人叩門，視片名林昶，亦說由滬來，予因深夜未便見，拒之。次晨始知彼露宿一宵，深抱不安也。

4 月 28 日　陰
【林昶君談話】

　　晨做動課。早餐後林君昶來訪，始悉此人為閩籍，留法巴黎政治大學外交科畢業，為駐法使館沈秘書簀基之婿。去冬由法歸，曾持簀基介紹函，在滬家見過一次。來此目的擬在滬市府謀一席（現在立法院充編譯）。此人在歐時，曾在國際聯盟會方面服務，故尚知歐情。彼謂聯盟對政治方面毫無成績，對經濟方面卻極有供獻。予等既知其既往歷史及其真實內容，則中國對聯會之政策可以決定矣。（即政治問題如濟案等類不可依賴他；經濟問題大可藉此活動等語。）午後與君怡談導淮意見：（一）歷史及各派主張，（二）財政，（三）

組織，（四）兵與工為截然兩事等節。君怡極以為然，
即囑彼按照上意起草擬復介石之要求也（即介石廿二日
之電話）。晚做靜課兩小時。

4月29日　晴

　　晨起做動課。早餐後習字兩小時。又讀「宇宙之聲
與佛教」數十頁。午後至白雲山館察看工程。晚做靜課
兩小時。

4月30日　晴

　　晨微雨，九時半後晴，照常做動課，早餐後習字兩
小時。又閱君怡所草治淮意見書（予述意，請君怡代擬
稿）。午後楊所長逸才偕管理局胡科長國均號秉之、武
康縣警察所長陳起及長途電話工程員顧某來，因予去
冬在山下庾村購有地七畝，該地與新路汽車終站隔溪相
望，溪南為舊道，溪北為予地，地之北為新道，向來電
桿走舊道直上，路近而工省。此次顧某既不沿舊道，又
不走新道，乃在新舊道夾縫中之予地上半闢而穿過，且
砍去地上之竹二百餘株、二英尺半圍之椿樹一枝。論手
續，事前既不關照；論工程，不獨無此必要，且路迂而
工料皆費（因線至車站後即越溪而北，半闢予地，過
予地後復越溪而南，仍沿舊道故也）。曾記前一週中
央有令，對於人民之身體自由及財產嚴禁非法侵害。
今令未及旬，顧工程員乃有此離奇舉動，予地如此，
沿線經過小百姓之地，又不知蹂躪多少？予非好以勢
凌人，深恐此間有受同樣之害者，不獨不敢聲張，萬

一要在其地上建築時，被其電桿直樹正中，毫無辦法；
若移動其桿，則長途電話局或反依勢而治小百姓以破
壞公共事業之罪，亦未可知。此種地方黑暗情形，不
能不矯正。故將顧某訓斥一番，除令電桿移出地界
外，且責令在庾村賜茶一月以代賠償樹枝之砍伐，蓋
最輕之處分也。現在中央當局好談建設，忽曰築路、
忽曰導淮，苟不慎其事，不知地方之被騷擾，又將如
何也？故特記之。晚間做靜課。

5月1日　晴

　　晨起做動課，早餐後乘轎偕景英夫人、小真女兒、君怡內弟同遊塔山、碧塢等處，即在碧塢瀑布下搭帳棚而午餐畢。午後回山繞道上橫市而至劍池。又在劍池茶點，傍晚歸。晚餐後做靜課。

5月2日　晴

　　晨起做動課，早餐後作書寄震修、亮才、修直、岳軍諸人，又習字兩小時。午後讀書兩小時，晚做靜課。

5月3日　晴

　　晨做動課，早餐後乘轎偕景英夫人、小真女兒及君怡內弟往遊石嶠，見周湘舲君在該處築有小路并做洋灰桌凳，足資遊人休憩，歸來順道參觀砲台山管理局，又至聯運處購君怡返滬聯票。午後偕遊陟屺亭，君怡攝影多張，晚做靜課。

5月4日　晴

　　晨起做動課，早餐後送君怡返滬至庾村，予預先約定楊逸才、姚月卿二人，順便察看庾村新購地形。正午歸山，午後至白雲山館見上層樓板已舖好，屋頂亦油漆完竣，歸家。藍軍恆由滬來訪，要求介紹岳弟。傍晚陳理卿偕潘履園君來訪，共晚飯，飯後管理局趙局長才標來談，又做靜課兩小時。

5月5日　晴

晨做動課，早餐後順次答訪周湘舲、潘履園、周柏年、陳理卿諸君。午後鄭性白（仲完之弟）由滬來，帶到黑麵包、檬古等件，同出遊山。晚做靜課兩小時，就寢。

5月6日　雨

是日為陰曆四月廿七日，乃本年立夏節，俗傳立夏得雨，田禾豐收，可慶也。晨起在室內做動課。早餐後習字兩小時，又讀書一小時。正午約藍君軍恆來共午餐，晚做靜課。

5月7日　晨雨午放晴

晨做動課，早餐後藍軍恆來辭行，又雜談一小時。藍去後，習字一小時。午後偕趙局長才標赴白雲山館察看燒死各木能否復活，因彼係農學家有經驗者也。彼又囑代覓英文秘書一名，予將函君怡轉覓之，晚做靜課。

5月8日　晴

晨起做動課，又散步陟屺亭，早餐後習字二小時。又作書寄君怡（託代管理局覓英文秘書），寄暢卿（由漢歸來，詢其起居），寄劍塵（託購書）。午後讀書又出散步，晚做靜課。

5月9日　晴

晨起做動課，早餐後習字兩小時，又作書復叔汀、

莘夫、純孺、暢卿諸兄。午後讀「宇宙之聲之佛教」數
十頁。晚做靜課兩小時。

5月10日　晴

　　晨起做動課，又偕小真散步陟屺亭傍。早餐後習字
兩小時，又作書復陶益生、潘尊行及文欽、子青諸人。
午後讀書，晚做靜課。

5月11日　晴

　　晨起做動課，是晨大風，早餐後趙局長來告以囑代
覓之英文秘書已得上海復電，應業雅君可以來山，并告
以應為應季中之姪，約翰畢業生也。趙去，習字兩小
時。午後，風雨齊作，乃閉窗讀書數十頁，晚做靜課。

5月12日　雨

　　晨起做動課，早餐後習字兩小時，又作書寄岳弟及
復習恆、止觀諸人。午後因右眼紅腫，休憩，晚做靜課
兩小時。又得袁良電，嚕嚕囌囌。大雨，張來商彼兼公
安局事。

5月13日　雨

　　晨起做動課，早餐後習字兩小時，又復袁良電，
午後放晴，乃散步至白雲山館視察工程。晚做靜課兩
小時。

5月14日　晴

晨做動課，又至陟岇亭察看漏水與否。早餐後，習字兩小時又整容理髮一遍。午後，在白雲山館與周伯英、楊逸才二君相晤談，晚做靜課兩小時。（是晚，得袁良電知伊決兼公安局事）

5月15日　晴

晨起做動課，又往蔭山街購方塊煻壹盒。早餐後，習字兩小時。午後，至蘆花蕩察看代和姨所賃503號屋，應否修理。晚做靜課兩小時後，得亮才來電，知大局注重對北，蔣馮之間似陰霾未能盡掃也。

5月16日　雨

晨做動課，早餐後，習字兩小時，又作書寄亮才、粟香、泰初、益生及北平鐵路大學等處。午後，應肄三君到山來就管理局英文秘書職，肄三君係應君季中之姪，君怡內弟之內兄也。是日，帶到君怡函，乃告以山上情形，供其參考。晚做靜課兩小時。

5月17日　雨

晨起做動課。早餐後，習字兩小時，又作書復公權，因彼將有歐美之遊也。午後，王有芳帶其子夢騏來見，要求作書於滬甯杭路局長，為其關說。晚做靜課。

5月18日　晴

晨起做動課。早餐後，習字兩小時，又作書寄暢卿

為王夢騏事，託向蔡局長增基陳說，並復徐叔謨一函，因彼新就滬交涉員職，來函應酬也。午後，至白雲山館視察工程，晚做靜課兩小時。

5月19日　晴

晨起做動課。早餐後，習字一小時，又召集楊、程兩鄉人，至陟屺亭，將委託彼等辦理施茶事。午後，趙局長才標來談，及有調任青田消息。山上夏季遊暑期已屆，臨陣易帥，實非所宜，擬函靜江、騮先二君詢問之。晚做靜課兩小時。

5月20日　陰

晨起做動課，又散步至屋鷄墩。早餐後，習字兩小時，又作書寄靜江、騮先、炎之、圓白諸君，並復伯樵一函。午後沐浴。晚做靜課。

5月21日　陰

晨起做動課，又至源泰蔡宅各處散步。早餐後，作書復林德懿，又楊逸才來談，將赴杭公幹，託帶零物。午後，趙才標來告管理局進行各事。晚做靜課兩小時。

5月22日　晴

晨起做動課，早餐後，清理營造賬目，又至鐵路旅館訪周伯英，未遇，與張雲孫略談而歸。午後，做靜課兩小時，晚芳姨自北平來。

5 月 23 日　晴

　　晨起做動課。早餐後，習字兩小時，又金純孺偕其妻由滬來遊，即在宅午餐。午後，同至蘆花蕩及白雲山館等處遊覽，晚做靜課。

5 月 24 日　晴

　　晨起做動課，早餐後，肆三、性白來，偕至白雲山館監督種樹（蓋是日，由杭運到柏樹四株，大冬青五株，芙蓉花兩株，故也）。又令剪枝及截燒死樹木。正午，在鐵路飯店宴純孺，肆三、性白作陪。午後，又偕遊陟屺亭。晚餐後，純孺辭行而去。彼準明晨下山返滬。予乃做靜課兩小時而寢。

5 月 25 日　晴

　　晨起做動課，早餐後，作書寄震修、劍塵、和姨、文欽諸君，及蔣元新、謝葆生等人，又出至源泰一帶散步，午後續書，晚做靜課。

5 月 26 日　雨

　　晨起做動課。早餐後，習字參小時。午後，張靜江兄自杭來談，悉南京方面最近政情。晚做靜課。

5 月 27 日　晴

　　晨做動課，早餐後，偕英妻、真兒、芳姨乘輿遊石頤、銅官、簟頭、牛頭塢等處，在銅官午餐。途中成詩一首曰：「無風無雨又無日，不熱不寒溫且適，相率妻

兒訪銅官，銅官不見僧和佛」。歸山已午後五時，順道
答拜靜江兄。七時歸寓晚餐，晚做靜課。

5月28日　晴

　　晨做動課，早餐後，出訪陳禮卿、葉逸初二君，未
遇。返作書寄震修、劍塵二君。午後，陳、葉二君來
訪，談一時餘而去。晚做靜課。

5月29日　晴

　　晨做動課。早餐後，芳姨下山返滬，又作書復陶益
生、沈志萬二君。又黃峙青介紹吳文彬來談。去後，作
書寄仲蘇，告以應付困難情形，請轉達乃翁峙青曲諒為
幸。午後，至白雲山館視察工程。晚做靜課兩小時。

5月30日　晴

　　晨起做動課，早餐後，作書寄達齋、季良二君，又
習字兩小時。午後，做靜課兩小時。傍晚得震修、伯
樵、亮才等來電，勸赴甯參加奉安禮，雖未能深知予
意，然不遺在遠為我計議，及此亦足徵老友關切之深，
至足感也。（是日嚴家幹由滬來求作荐書）

5月31日　晴

　　【高楠著《宇宙之聲之佛教》】
　　晨起做動課，早餐後，作書寄震修、伯樵、亮才、
乙藜、堯年諸人，又習字兩小時。午後，讀完高楠博士
著《宇宙ノ聲トシテノ佛教》。晚做靜課兩小時。

6月1日　晴

晨起做動課。早餐後，習字兩小時，又應肄三君來談。午後，在白雲山館遇周湘聆來遊，晚做靜課。

6月2日　晴

晨起做動課，又至源泰看貨物。早餐後，習字壹小時半，又理髮一度。午後，讀《生ノ實現トシテノ佛教》數十頁。晚做靜課。

6月3日　晴

晨起做動課，又出散步半小時。早餐後，習字兩小時。午後，讀書參小時。晚做靜課。

6月4日　晴

晨做動課。早餐後，習字兩小時，又王有芳自滬歸來談。午後，至源泰採購什物，并至陟屺亭視察。晚做靜課兩小時。

6月5日　晴

晨做動課。是晨，雲海極美觀，一望而不知雲，下尚有所謂武康三橋埠、庾村等小世界，蓋天下事皆可作如是觀也。早餐後，習字兩小時，又作書寄蘭兒，復張季材，并電陳劍塵摧運行李。午後，讀書。傍晚，楊逸才、趙才標等來告，吳稚暉於本午到山，楊杏佛夫婦同來，寓張靜江兄宅。晚做靜課兩小時。

6月6日　晴

　　晨起做動課，又至上橫張靜江兄宅訪吳稚暉先生，談一小時歸。早餐後，至新屋佈置終日，蓋豫備八號遷入也。晚做靜課，又赴周柏年君宴。

6月7日　晴

　　【吳稚暉先生書贈「旁日月挾宇宙」六字】

　　昨晚周柏年君宴，吳稚暉先生及楊君杏佛來邀作陪，予因吳先生素所敬仰，且欲求其墨寶，乃攜紙往（此紙係乾隆時所造，曹樹銘君送來者），求得吳先生篆書一幅，楊君書法係臨黃山谷者，亦順便求得一張，故歸寓較遲，就寢已十二時矣。本晨起床已逾晨六時，仍做動課一半。早餐後，習字兩小時。午後，上海運到傢伙大小共卅五件，乃赴新屋點收，復至上橫張宅晤靜江兄，因是日為杭武新汽車路開通之第一日，而昨日又為西湖博覽會開幕之日，故靜江招待各地來參加博覽會之來賓約八十餘名來山遊玩，大半皆當日回杭，又在鐵路飯店遇褚明誼、陳藹士、蔣夢麟、周象賢諸人。晚廉伯由滬來略談而去。晚做靜課兩小時就寢。

6月8日　晴

　　晨做動課。早餐後，開始搬家。傍午，廉伯偕陳文博號質夫來遊行下山（陳受廉伯託押運昨日行李來山者也）。午後三時，赴新屋，楊逸才、張雲蓀、王有芳三人來送。四時半，蔣伯誠君派特務員袁文燦學兄送沙發、桌子等共六件來山，乃作書謝之。晚做靜課。

6月9日　晴

　　晨做動課，是日整理物件終日。晚做靜課。

6月10日　晴

　　晨做動課，早餐後，整理書籍。午後，作書寄仲完、君怡、伯誠、湛侯諸人。晚做靜課。

6月11日　陰

　　晨做動課。早餐後，王有芳來談結賬辦法。是日為陰歷端午節，午後，得介石電，催赴甯就導淮副委員長席，同時又得岳軍、暢卿電，亦來勸我赴京，乃分別復之，豫備赴滬一行再作計較，表示不深閉固拒也。晚做靜課。

6月12日　晴

　　晨做動課。早餐後，豫備結算白雲山館改造各賬。午後三時，包工人鄭遠安、李有功及油匠鄭聚華、銅匠高榮記、保人王有芳、姚月卿、監工楊逸才、張雲蓀皆來，一律結算清楚，因去冬火燒之故，予不忍責令全賠，乃於賬外津貼一千五百元，又賠貼李有功百元，總共計改造津貼及零雜賬等約七千八百元。晚做靜課兩小時。

6月13日　陰

　　晨做動課。早餐後，整理賬單收據等類。午後，為次日下山之準備。晚做靜課。

6月14日　陰

晨做靜課又做動課。早餐後，下山至庾村乘汽車赴杭，坐午車於下午四時參刻抵徐家匯站，伯樵、君怡、廉白來接，文欽、亮才、襄甫等諸君又先後來談（是日車中遇藹士，略談導淮事）。

6月15日　晴

晨早餐後，暢卿兄由甯奉介石命來邀赴京談，至正午未決，又壯華偕大、安兩姨來，文欽又來談。午後，震修兄來，與之商往南京事，並託代辦股票事。晚十時半，赴北站上車赴甯，暢卿、文欽、廉伯、君怡諸人來送，開車後，在車中做靜課一小時半。

6月16日　陰　入京

晨七時抵甯，岳弟來站接，下榻於鼓樓頭條巷一號。十時頃，介石、三弟來訪，略談大局。午後，偕岳弟同遊中山陵園，并順道答訪介弟。歸寓，四時半，介弟又來寓詳談導淮計劃，及述我不能就職之理由。介亦頗諒解，總之此事實屬國計民生均有益處之根本建設事業，予極端贊成，惟素非所學，且在此環境下，予祇能對介個人幫助，雅不願再掛任何名義也。傍晚，許靜芝來談浙事，又至王伯群部長宅晚飯（岳弟同去）。十時歸，做靜課一小時半。

6月17日　雨

晨做動課。早餐後，乙藜偕元妹來訪，又作快書告

音妹。本日導淮委員會成立，予已得介弟諒解，不往就
職。午後，至易家橋張宅內錢宅訪乙藜。傍晚，介弟來
寓略談，面交去（甲）組織事項、（乙）籌備事項兩
表。晚間，陳藹士、陳果夫、陳立夫相偕來訪，談至
十一時歸去，乃做靜課一小時半而睡（午後，陳琥笙師
與王大經君來訪）。

6 月 18 日　陰

晨起做動課。早餐後，分見在甯諸舊同事。正午，
偕乙藜夫婦同至許靜芝君宅午餐，下午三時歸寓，即做
靜課。傍晚，子青姪由蚌埠來訪，又陳公俠君亦來談。
八時赴三元巷蔣宅宴會，同座有陳果夫、立夫、藹士、
一亭、趙次龍、岳軍、段錫朋、公俠諸人，十一時半上
車返滬，車中遇岳西峰、馬彥沖、劉文島、蔣夢麟諸
人，是夜不能成眠，過半夜即身覺微熱。

6 月 19 日　陰　返滬

【中止靜課】

晨七時半抵家，是日為陰曆五月十三日，乃蘭兒生
日（本年正卅初度）。本擬與之聚餐，不料彼既不來，
我又病倒，當即請趙啟華醫生診治。

是日，徹夜未退熱，而靜課勢不能不終止矣。

6 月 20 日至 6 月 24 日

此五日均在病中，天氣因正交黃梅，時晴時雨，故
無可記。

6月25日　晴

【開始打針】

是日病有起色，馮五昌醫生從本日起為予打補血針（共兩種針，一為安度賜保命，一為強建腸胃之針），擬安度賜保命打兩針，間以強腸胃一針。

6月26日　晴

晨下樓稍行步，腿根微軟，乃安坐休息半天。正午，打安度針，午後睡一小時。傍晚，亮才、伯樵、君怡等來談。

6月27日　陰

晨下樓，稍閱報又作書寄楊逸才。正午，醫來打奧柏泰純針。午後，睡一小時。岳弟夫婦來談敘。

6月28日　雨

晨閱報。正午醫來打安度針。午後睡一時，又馮幼偉君來訪。

6月29日　晴

晨赴惠羅公司購白皮鞋一雙，小掛鏡一方。又伯誠君夫婦偕仲完姊來視病。正午，醫來打針，午後，整理行李，孔君廉白來代搬運。

6月30日　晴　上山

晨七時醫來打針，八時赴徐家匯車站上車，赴莫

干山。君怡、伯樵、炎之、文欽、幼蘭、達齋、九
如、廉伯等來送，同赴山者有和姨及其子女，車中遇
蔡局長增基。下午一時抵杭，改乘汽車至庾村換轎，
抵山已午後五時。張靜江主席派嘉興公安局長莫潤薰
在宅等候，為接洽發掘嘉興北門外柴場灣對岸城根下
之埋物事。蓋予自民二失敗出亡，所有軍刀等件，悉
由岳父母搬回嘉興，而其時浙督朱瑞勵行清鄉，岳父
母畏發覺被罪，故深夜自堀一穴以掩埋之，其中有三
刀作誌紀念者：（一）為介石所贈，係民元英士、
介石及予三人在打鐵濱結拜時之紀念品，上刻有英士
所作約言兩句曰：「安危他日終須仗，甘苦來時要共
嘗」；（二）為予畢業日本時，以重價購得之日本古
刀一柄；（三）為辛亥革命，予攻製造局所攜之手杖
一根，內有一刀。餘件雖多，不足記載，及民五歸國
而岳父母已先後去世，不知藏納何地，僅知其方位而
已。今擬派工一試堀之，不知尚能重見舊物否，雖然
以我佛慧眼視之，亦愚之至者矣。

7月1日　晴

　　午前，肄三、性白、逸才、毋退諸人先後來談。正午，請療養院顧醫生繼續打針（是日為安度針，係第七針）。午後，睡一小時，傍晚和姨、新舅來閒談。

7月2日　霧

　　午前作書復林華、陶益生、程蓮士、唐企林、方鵠仙、徐清甫、程韋度、周湘舲、葉仲芳諸人，午後，今關壽磨君特由滬追縱來山訪病，并述田中內閣已經辭職，兩年間遺下之毒害不淺等語。彼係一研究東洋史之學者，臨行留詩一首曰：「高臥江南何處好，莫干山上白雲中，起來須立長安計，四海蒼生憶謝公」（原紙另存）。今關君當下山回滬，行將歸國，又凌壯華君夫婦來訪，傍晚，醫來打針。

7月3日　雨

　　晨新舅下山返滬，予作書寄岳弟，告以日本政局已變，對日外交應暫行慎重，觀望形勢再說。又凌壯華學兄來談海軍編遣事，甚詳，留共午餐。午後醫來打針，又程遠帆夫婦來訪，傍晚歸去，彼等住442號。晚飯後，壯華偕和姨來託定購轎票、船票，預備次晨下山赴杭。

7月4日　雨

　　晨起練太極拳半套，計自上月十九日在滬得病，停止每晨動課已半閱月矣。

【元張養浩著《為政忠告》】

早餐後，翻閱書報，十時頃，張主席靜江兄偕其眷屬來訪。午後，讀《為政忠告》上卷一卷，又作書將陟圮亭賬單及物品單移送管理局接管。四時，醫來打針。

7月5日　雨

晨起做動課，早餐後，讀《為政忠告》下卷一卷。午後，酣睡一小時半，四時，醫來打針。

7月6日　雨

晨做動課。早餐後，習字兩小時，計自六月八日搬屋以來，中間赴滬寗受感冒，種種障礙，字課荒廢已將及月，今晨提筆幾乎與去夏初開始時相同，可嘆也。午後，醫來打針，傍晚，和姨偕子女等同來遊。

7月7日　雨

晨起做動課。早餐後，作書寄仲勛、湛侯、止觀、岳軍、亮才、鐵尊諸人，又習字一小時半，午後，醫來打針，又讀書兩小時。

7月8日　雨

晨做動課。早餐後，作書復純孺、逸農、立孫、儀祉、君怡諸人，又習字一小時。午後，醫來打針。天氣放晴數小時，肆三偕性白來商陟圮亭接管事，傍晚始去。

7月9日　霧

晨起做動課。早餐後，作書復張雨樵、徐伯城二人，又習字一小時半。午後，醫來打針，又偕景英、小真訪雍和於503號雜談，傍晚歸。

7月10日　雨

晨起做動課。早餐後，習字兩小時，又讀書一小時，午後，醫來打針。

7月11日　晴

【胡佛之辦事法：集中思想，分配工作】

晨做動課。早餐後，翻閱書報約三小時，仲蘇寄來之《東方雜誌》，內載有彼所輯之《胡佛略傳》一篇，知胡佛一生所營各業無不成就，其唯一妙訣在「集中思想，分配工作」八字，而真誠之內蘊與懇摯之外表，亦大有以助成之。又讀褚明誼之〈太極拳之科學化〉一作，可用器械而練習推手，實亦有功於國技，此外，讀介石在北平陸大講演〈何以要入黨，何以要以黨治國〉一文，雖半為時事而發，而不贊成單純之國家主義與極端之共產主義，頗有精義，與近來予所談之《生之實現トシテノ佛教》一書第三節所論約略相同。午後，醫來打針，又管理局來收房捐卅元，傍晚，和姨來遊。

7月12日　晴

晨做動課。早餐後，作書復文欽、仲蘇、岳軍、承

齋、伯樵及學生段效梁諸人。午後，醫來打針（打奧伯
泰純針，本日為第十八針），又楊逸才君來談，帶來何
敘甫君名片，知伊伴眷到山，彼自己將於明晨下山，有
北平之行，予亦託楊君帶回一名片答禮。

7 月 13 日　晴

　　晨做動課，早餐後，監工半日。午後，醫來打針，
又趙局長偕林士模（可儀）來訪。

7 月 14 日　晴

　　晨做動課，早餐後，習字兩小時。午後，醫來打
針。是晚，滿身大發風板，奇癢至不能成寐，或者係藥
力作用將體內多年積污，從皮膚表面驅出來，果爾，亦
一至好現象也。

7 月 15 日　晴

　　昨夜因發風板少睡，本晨起床略遲，故停止動課一
天。早餐後，作書復文欽、九如、君怡三人，又作書寄
岳弟為莘夫說項。午後，醫來打針，研究發風板原因，
知仍係腸胃不清之故，囑慎飲食，避風，是晚仍奇癢不
能成寐。

7 月 16 日　晴

　　晨起做動課，早餐後，因昨夜少睡，乃睡一小時，
又程遠帆君來談，知彼將赴北平一行。午後，醫生顧錫
楨君來商，因風板未愈，暫停止打針，一面由顧函馮五

昌醫生討論，又潘履園帶同蔣益之及眷屬來談。

7月17日　晴

晨起做動課。早餐後，閱書報（昨顧致馮函，本晨快信寄出，託由君怡轉）。午後，讀書兩小時（《生ノ實現トシテノ佛教》）。

7月18日　雨

晨起做動課，又檢視兩腿風板已退，蓋前昨兩夜均由中國舊法療治，頗見效也。法以香樟樹連枝帶葉熬湯薰洗，適園中有香樟樹三棵，故採用甚便（無樹處，可至藥店買香樟木）。早餐後，翻閱書報。午後，整理書籍。

7月19日　陰霧

【重打第廿二針安度針】

晨起做動課。早餐後，作書寄楊予戒、朱達齋、李儀祉三君。午後，醫來打針，又叔汀三哥率三姪嵩壽（土根）、四姪嵩聲（志耕）來山，即留宿焉。

7月20日　晴

晨起做動課，早餐後，習字兩小時，又與三哥雜談。午後，醫來打針，又讀書兩小時，陳萊卿兄來訪。

7月21日　晴

晨起做動課。早餐後，楊逸才所長偕廚子潤生來討

情。先是，昨日午後小販陳鳳林來告，與庖人潤生扭打，被打傷等語。予謂既在市場扭打，則係違犯警章，非予家法可治，故一併送公安局辦理，拘留一夜查明，係互有過失，情節不重，楊所長一再請求體恤寬恕，乃兩造均釋放，並面戒潤生以後萬不能再犯而罷。午後，醫來打針，又偕叔汀三哥及兩姪一女同至陟屺亭遊覽。

7 月 22 日　晴

晨起做動課，是晨三哥率姪輩下山回杭，早餐後，作書復吳稼農君及朱炎之丈。午後，醫來打針。傍晚，偕夫人、和姨看月出。

7 月 23 日　晴

晨起做動課，早餐後，作書寄岳軍、仲蘇、乙藜諸人，詢問中俄真相。午後，醫來打針，晚飯後，和姨來告陳媽事，連日男女僕均先後發生問題，所謂女子、小人最為難養，近之不遜，遠之則怨，信哉。

7 月 24 日　晴

【體重114磅】

晨做動課，早餐後，作書復懿凝內弟夫人，附去「競雄女學簡章」六字（來函要求囑題者）。午後，醫來打針，又出訪遠帆（442 號）、萊卿（225）、柏年（肺病療養院）諸君。經在療養秤得體重 114 磅，小真 43 磅（西牧 58、溫克 54、安石 42 磅）。

7月25日　晴

　　晨起做動課。又至86號屋訪震修，知尚未到山，僅遇其妾，立談數語而返。早餐後，作書復劉菊村、徐子青（快）二人。午後。醫來打針。

7月26日　晴

　　晨起做動課，早餐後，作書復岳軍，暢卿、企林、藹士諸人，又習字兩小時。午後，醫來打針，又偕眷及和姨全家同往塔山公園遊覽，並隨帶簡單晚餐在該處立食而歸。

7月27日　晴

　　【悟後之觀念】

　　晨起做動課，早餐後，作書寄暢卿（附去益生函）、達齋（查詢警務處帶物件來缺少件數）、清甫、季實四君，又習字一小時半。午後，醫來打針，又讀書一小時半，感覺「如來悟後之觀念」一層甚為緊要。

7月28日　晴

　　晨起做動課，早餐後，批閱西牧、溫克、安石、小真四孩所作之文，又作書寄達齋、太虛、善琦諸人，並習字一小時。午後，醫來打針，又往陟屺亭散步。

7月29日　晴

　　晨起做動課。早餐後，李儀祉君偕羅忠懋（號勿四，閩人，羅貽誠之胞弟，貽園之堂兄，在審計院多年

者）由滬來訪，詳談導淮委員會事，並交徐世文履歷於李（徐乃紹興人，留美水利工程畢業，係程遠帆所託）。午後，醫來打針，又讀書兩小時。

7月30日　晴

晨起做動課。早餐後，剃頭又批閱小孩等所作之文。十一時，李儀祉、羅勿四兩君如約來共午餐，午後二時散。四時，醫來打針，五時偕眷及和姨等同至塔山下怪石角，往看日落景象，七時半，歸家晚飯。

7月31日　晴

【高楠順次郎《生ノ實現トシテノ佛教》】

晨做動課，早餐後，習字一小時半。又作書復震修、修直、清甫、文欽、予戒諸君。午後，醫來打針，又讀書兩小時，是日讀完《生ノ實現トシテノ佛教》一書。

8月1日　晴

　　晨起做動課。早餐後，作書寄岳軍、暢卿、傑才三人，又批閱西牧、小真等所作之文。午後醫來打針，又出訪潘履園君於其寓邸（75號），談苦、集、滅、道四諦。

8月2日　稍霧

　　晨起做動課。早餐後梁叔五君偕杭州省立第一造林場場長周鶴星君來訪，談浙江之造林計畫，擬按照舊道區分四區造林。又讀書兩小時。午後醫來打針，又楊逸材所長來雜談。

8月3日　雨

　　晨起做動課。早餐後習字一小時半，梁榮伍與沈志萬兩君來訪，留共午餐。午後醫來打針，偕新醫生葉伯陽（由同濟而留德，與何亞農君有親戚關係）及畫家王選卿（蘇人，亞農妻舅）同來雜談而去。傍晚和姨送炒米粉來。

8月4日　晴

　　【海潮之音】

　　晨起做動課，早餐後習字一小時半。

　　又應太虛之囑，題贈《海潮音》雜誌十週紀念特刊十六字曰：「海潮之音，宇宙之聲，萬法唯識，三界唯心」。午後醫來打針。

8月5日　晴

【注意入字】

　　晨起做動課。又至中華山下散步，早餐後為西牧、小真等改作文，又習字一小時。午後醫來打針，傍晚朱廳長驅先偕其夫人來訪，乃留共晚餐焉。是晚因夜飯不慎，鯽魚刺鯁喉甚久，半時後始得吐出。據朱夫人言，有友人因刺傷喉潰爛而致命者，聞之悚然，且因用飯團吞服，欲壓魚刺下肚，食量過多，是夜竟未能成寐。因是徹夜冥思而有所悟，所悟徹何？曰：「注意輸入」，此意可分三層言之：一曰本身，吾人既尚未成佛，現實之本身尚在，我觀亦未能盡除，則不能不以吾身之表皮為界，界以內曰我，界以外曰物，凡界外之物輸入界內時，無論自動被動（自動為飲食、呼吸之類，被動為蚊咬、蟲刺之類），不可不十分注意。吾人為營養計，飲食固不可免，然每日三、四餐，終身五、六萬餐，每餐山珍海味，終身食遍動植各品，均能安然無事，但你一不慎，可於五、六萬中之一餐，一餐中之一剎那，動植各品中之一品，一品中之一小刺而竟可致命。此外，如飲食過量傷胃，呼吸不佳傷肺，男女不節傷血，運動過度傷氣，蓋人生實無時無處不在危險之環境中也。二曰家庭，一家三、五口，凡一切人生有形無形之需要，均非一手一足所能自辦。蓋既生而入世，即不能離世而獨立，不過因人倫關係，相聚同居於一屋，以屋之界為界，界以內曰家庭，界以外曰社會，於是凡一家物質上之需求（商賈入矣），學識上之交換（朋友入矣），勞力上之不足（僕役入矣），交通上之聯絡（郵差、車

夫、臨時專差等入矣），處處與社會有所接觸，既不能
如老子所謂雞犬相聞，老死不相往來，亦不能如詩人所
詠，門雖設而常關。然萬一不注意入字，則幣重言甘來
誘我者有之，奇技淫巧來窮我者有之，或以色來喪吾之
志，或以利來陷我以罪，甚至處今之世，託名送信而暗
藏利器來掠吾身者有之，託名寄存物件而暗納危禁品於
其中而陷吾罪者亦有之。三曰國家，自世界大通以還，
從前閉關一統，閉關自守之說，勢不可行。近代國內外
之關係日益錯綜而複雜，所謂國際列車、國際航運、國
際貿易、國際匯兌，甚至國際聯盟、國際法庭等等一切
政治、經濟、法律、交通、學術、軍備各項，無一不與
世界有關。

　　吾國近代人文落伍無可諱言，然天然之所賜，祖宗
之所遺，固依然如故，惟其依然如故也，故冶容、誨
淫、漫藏、誨盜，大之土地物產，小之子女玉帛，皆為
人唾涎之資，此帝國主義侵略政策之所由來也。彼等所
最困難而無可如何者，即在此國際共同注視之下，而國
際間利害又各不相同，故所謂帝國主義侵略政策者，獨
為之則有所不敢，共為之則有所不能，於是有識之先
輩，大聲疾呼，欲在此國際形勢不敢不能之際，及時自
奮以圖挽救，乃派遣留學、派遣游歷、派遣考察者，不
絕於途，結果各隨其聞見感想之所及，有主張輸入機器
以開發產業者，有主張輸入鎗砲以改練新軍者，有主張
輸入制度以改良政治者，一時鍪然並陳，各是其是，最
近醉心歐美文明者年盛一年，乃至歐美人之談吐謦笑、
舉止游戲，亦若有至理存焉者，無不亦步亦趨，故跑

狗、跑馬、跳舞、夜遊亦得美其名曰，此輸入泰西文明
所應有事也。（日本維新至今已四十年，一切學術、制
度、軍備、工商業等，無不效法歐美，力圖上進，惟政
府禁止跑馬，社會反對跳舞，固依然如昔也）。歐戰以
還，更有所謂新學說、新主義、新思想也者，互相標
謗，競相傳說，為半生不熟的濫輸入，流弊所及，竟使
舉國皇皇莫知所措，從前外人輸入槍砲，亂我國家，輸
入鴉片，弱我民族，今更輸入學說思想，深入我之性靈
界，欲推翻我五千年歷史所涵養而成之民族性，且有形
之物易禁，無形之毒難除，言念前途，真不知補救之何
從。回憶甲子《中俄協定》，吾人本不贊同，上海《孫
越協約》，吾人尤覺驚駭，及至今日伏毒盡發，乃亟亟
然欲為事後之補苴。古語云：前人種樹，後人看吾收
益，是以下句曰：前人造業，後人當深願懲前毖後，全
國人士共起而注意輸入物品之檢驗也。以上所述，因一
時魚刺鯁喉而聯想及之。

嗚呼！吾生現代之中國，論天災則水也、旱也、瘟
疫也，論人禍則兵也、匪也、綁票也，蓋無時而不可死
者也。且吾之所學為陸軍，吾之因緣在政治，故卅年
來，不是過槍林彈雨的生活，就是過重洋漂泊的生活，
或立於山之巔被推為攝政，代表國家之時會有之，或沉
於淵之底，被誣為亂賊，懸賞緝拿之時會亦有之，今時
時可死，處處可死而竟不死，行年且五十矣，本晚之魚
刺又不能死，我行將不止五十矣。嗚呼！幸耶？不幸
耶？寄語後之閱者，當知天下事有數十百人維持之而不
足，一、二人破壞之而有餘者，蓋生之事亦然，有食補

品千百種而不見効，入一微菌而毒發者，毋謂吾能大事
不糊塗可矣，不必謹小慎微為也。

8月6日　晴午後大雨

　　晨起做動課，早餐後，略閱書報。午後，醫來打
針，同時美人莫克禮 Ven. Evera、白校長 R. M. White
等來訪，談清山會事，予以法律、感情兩面為之諄諄
誥誡，彼等似所有領悟而去。又應肆三秘書、楊逸才
所長來雜談。傍晚，趙汪氏由杭來山（彼母與予母為
老年念佛友，予幼時在杭蕭王衖曾與汪家為鄰居，然
已多年不見，彼來山，係為伊孫趙乃昌謀事，特來請
求介紹者）。又炎之姻丈本日亦到山。

8月7日　晴午後雨

　　晨起做動課，早餐後，略閱書報，又鄭心南君來談
商務書館工人事。傍午，炎之姻丈來談福履理路地事及
本山501號屋事。午後，醫來打針，又為西牧、小真等
改作文。

8月8日　晴

　　晨起做動課，趙汪氏下山返杭。早餐後，盛俊（灼
三）君來訪談關稅事約一小時而去，午後，醫來打
針，又偕炎之姻丈及兩家眷屬小孩等同至劍池濯足，
傍晚歸。趙局長才標、楊所長逸才在寓候，談半小時
去。晚間與炎丈、和姨講演佛學要點，彼等頗感興趣
而連呼有益。

8月9日　晴

晨起做動課。早餐後，作書寄乙藜（託購大般若經）、敬新、達齋、君怡（炎丈帶到食物，去函申謝）四君。午後，醫來打針。又震修由滬到山來談。

8月10日　霧

晨起做動課，是日本約定往遊福水（與炎、和等），一切轎子、飲食均已豫備，終因霧閉不開，不果成行。傍午，震修兄攜其子（邦本）來訪，略談而去。午後，醫來打針，又閱書兩小時（太虛文鈔第一編）。

8月11日　霧

【四望亭，一名東閣】

晨起做動課。早餐後，在「四望亭」試漆窗格一方，漆後寫字，手極振動，足見小技亦有運動筋絡之功效，又作書寄清浦（託送華卓之禮）、炎坤、傑才諸人，又寫字兩小時。正午請震修及其眷屬來寓午餐。午後，醫來打針。傍晚，炎、和來雜談。

8月12日　霧

晨起做動課。早餐後，出訪炎之、盛俊（灼三）、靜江、震修、驪先諸人，並在鐵路飯店與炎之合家、震修合家及雲妻、真女午餐。午後，醫來打針。

8月13日　霧并雨

【蘭來函報病】

晨做動課。早餐後，接蘭兒函，謂彼家三孩近來皆病，彼自己亦入院手術，現手術尚未收口，而義舫婿又發傷寒，醫勸入院，而義舫不願，蘭兒乃不得醫生稱可，欲退院回家主持（醫生警告伊，謂此刻退院甚危險等語），此等抱病而從井救人兩不利益之舉動，實屬萬分不妥。乃亟去快函，促伊二人速入院，一面又快函託朱達齋兄代為往看，應加勸誡，並請達齋轉囑僕人楊林前往小心伺候，另又作函復袁剛毅、林華、金純孺、唐企林（少蓮六日病故，作函慰唁之）諸人。午後，醫來打針，又讀書兩小時。

8月14日　狂風大雨

晨起做動課，早餐後，又接蘭兒兩信，知義舫已入高根醫院。

8月15日　小雨微霧（正午狂風）

【予妻返滬視蘭兒病】

晨做半動課。早餐後，予妻出發下山回滬，予因昨夜話多、烟多，又未能安眠，稍覺喉痛，乃含福美明達片及漱口數次。九時半，理髮者來，為予及小真理髮。午後，醫來打針。傍晚，達齋兄來電報告蘭兒等病已輕減。是日正午，起狂風，折枝掃葉，震撼房屋，徹夜未息，晚間讀書一小時。

8月16日　晴

晨起做動課。西北風猶有餘勁，早餐後，寄書予妻

又課真兒算學兩小時。午後，醫來打針，又趙局長偕雲南交涉員（兼省府委員）張維翰君（號純鷗）來談中法越南商約交涉經過及共發一聲明書而停頓之原因。

8 月 17 日　晴

晨起做動課。早餐後，為真兒上國文一課，又與伊打 Deck Golf 為樂。午後，醫來打針，馬鴻逵（少雲，十一軍軍長）君帶其父雲亭兒之手函來山訪問，談約一小時下山，乃作書用快郵復之（雲亭在杭西湖蔣莊避囂），又寄張雨樵一復書。

8 月 18 日　晴

晨起做動課，早餐後，作書復曉圓（函稿存）、炎之（函稿存）、暢卿、鳳千、益生五君。午後，醫來打針，又偕真兒至蔭山一帶散步，順道在源泰購雨鞋等各件而歸，晚寄亦雲妹一快函。

8 月 19 日　晴

晨起做動課，又剪洋梧桐樹枝。早餐後，為真兒授課（國文、算學），又習字課一小時半。十一時頃，鄭心南君來談學藝社事，并帶到學藝社主席委員周昌壽（號頌久，黔人，東大物理）函一件，囑擔任該社名譽社員，擬俟章程及社員錄寄到後再復。午後，醫來打針，又整理什物。

8月20日　晴

　　晨起做動課。早餐後，作書寄暢卿、傑才、盛鍾岳三人，又寄一電復亦雲妹。午後，醫來打針，又吳蘊齋君來談，謂胃病有一中國舊方極靈驗，即陳佛手五錢、雞內筋一兩（簡言之，即一與二之比）共研末為丸，每飯後吞之，可一、二月而愈。傍晚，收亦雲妹電，又復一電。

8月21日　晴

　　晨起做動課，早餐後，整理字畫，又授真兒課（國文、算學）。午後，醫來打針，又搬運東閣物件。是日早晚，兩度在東閣憑欄觀日出月出時，均見野豬五、六隻，在東邊地方攫食玉米。

8月22日　晴

　　晨起做動課。早餐後，作書寄伯樵為江灣地事，又出訪吳蘊齋，贈伊「中國之將來」與「戰後之世界」各一冊，又至楊逸才所長處，託定轎子。午後，攜小真同赴庾村樓，亦雲五時回山。是日，許修直兄偕亦雲同來，即寓予宅。傍晚，醫來打針，又子青姪亦由杭來山，亦寓予宅。

8月23日　晴

　　晨起做動課。早餐後，陪子青姪看501及503號屋，因將決定徐朱兩家分購也。又偕修直看511號屋。午後，醫來打針，并與徐、許二人談佛學。傍晚，夢

漁姻丈由北平到山，帶來仲勛、鹿君、容鋒諸人禮物
（鐘、佛珠、佛像、香爐等），予留京多年之綠條手鎗
一支亦帶到，藉以防身也。夢漁與昨到徐、許二君，均
下榻予宅。

8月24日　晴

晨起偕修直、夢漁、子青三人在後亭看日出，氣象
極偉，又做動課。早餐後，子青下山返杭，帶回還青甫
代墊送華祝三兄禮洋十元。午後，醫來打針，又囑李僕
陪修直、夢漁遊劍池、鐵路飯店、蔭山一帶而歸。

8月25日　晴

晨起做動課，早餐後，偕夢漁看503號屋及蘆花蕩
泉水，又督工伐枯樹。午後，醫來打針，又囑李僕陪修
直、夢漁遊塔山、球場、游泳池等處。

8月26日　晴

晨起做動課，早餐後，修直、夢漁二君下山，予作
書復仲勛、鐵橋分別託修、夢二君帶去。又作書復文
欽、達齋、叔明及唐廷章（號漢卿）四人，並檢視津屋
賬據。午後，醫來打針，又讀書兩小時。

8月27日　霧

晨起做動課。早餐後，知上海花匠已運到牡丹、芍
藥各貳株，菊花十二株，玫瑰十株，乃親自擇空地點督
種，又炎之姻丈飭測丈員王漢忠（紹興，河海工程畢

業）、陳文祿（梓谷，杭人，中法工業）二君帶領測丁
二名來山測繪501、503屋基，并將順便代測白雲山館
基地，乃與之談敘一番。午後，醫來打針，又督飭花匠
修剪園樹。

8月28日　晴

晨起做動課，早餐後，作書復文訪蘇、周頌久二
人，又接朱鳳千君來函報告北平各駐使對中俄事論調甚
詳，足資參考。因介弟近日適在滬，乃加封寄岳弟代
轉，密陳一閱，或可作為應付之資，此事關於國家前途
東亞和平甚大，故又情不自禁而多事。午後，醫來打
針、又龔心銘（景張，寓虹口塘山路號N443）來談。

8月29日　晴

晨起做動課，早餐後，作書復吳青島特別市長立凡
學兄，又寄伯樵一函，并習字兩小時。午後，醫來打
針，又王悅山來訪，詢知彼寓怡志山莊，是去年之所
開，足徵不誣也。

8月30日　晴

晨起做動課，早餐後，督飭花匠整理西園，又理
髮師來理髮。午後，醫來打針，又程遠帆君來談一小
時辭去。

8月31日　晴

　　晨做動課，早餐後，周佩箴君來談，又習字兩小時。午後，醫來打針，又鄭性白君來訪，傍晚，整理園菊。

9月1日　晴

晨起做動課。早餐後，視察後山測量面積（炎丈派來滬土地局測量員），習字兩小時。午後，醫來打針，又讀書兩小時，深感正影必先端形，個人為社會之形，社會為個人所積之影，此不可不深長思之也。

9月2日　晴

晨做動課。早餐後，出訪周佩箴，談悉王文伯情形，又訪龔景張未遇，順道至病院測體重為115.5磅，較四十日前增高一磅，并知周柏年反避囂於蘇州之本寓矣。午後，醫來打針，又黃人望（百新）偕文訪蘇、靳宗岳二人來談東北情形，及與夏定侯、馬夷初間經過歷史。趙才標局長、楊逸才所長、周延勳隊長亦同來，略坐而去。傍晚，金純孺由杭州來，謂參加北洋大學同學會到杭，順道來山詢候起居等語。

9月3日　晴

晨起做動課。早餐後，習字一小時、又金純孺來談，午飯後始歸去。三時半，醫來打針，又應肆三來談，傍晚至後山散步。

9月4日　陰

晨起做動課。早餐後，作書寄炎之、震修、仲完、清甫四人（均為江灣及山屋事），午後，醫來打針。

9月5日　晴

晨做動課。早餐後，作書復曹樹銘、周亮才、蘇紹文三人。又作書寄陳公洽、靳宗岳、何敬之三人，又鄭佐平君自滬到山來談，出示靜江手書，囑向岳軍解說為浙江開國術比賽遊藝會，擬在滬發賣獎券等情。午後，醫來打針，又周湘舲、楊逸才、姚月卿等來為重建天泉寺山門及廟側添造房屋募捐，予認捐貳佰元而去。

9月6日　晴

晨起做動課。早餐後，作書復黃人望、翁之達、張靜江三人，又讀九月份「現代佛教」雜誌一卷。午後，醫來打針，金純孺偕程遠帆夫人來雜談，傍晚歸去。

9月7日　晴

晨起做動課。早餐後，出訪周湘舲、金純孺、周伯英諸人，在鐵路飯店僭眷屬午餐。午後，潘履園君來訪，四時，醫來打針。五時，至陟屺亭接和姨未到（晚七時半始到），六時半歸寓晚餐。

9月8日　陰

晨起做動課，習字兩小時。午後，醫來打針，又讀書一小時。

9月9日　晴

【七十五針打成】

晨起做動課。早餐後，偕予妻、真女、和姨及程遠

帆君夫人，同乘轎往遊福水，沿途一、二十里稻香撲
鼻，溪流環繞不絕，真是幽淨可愛，在福水瀑布下搭篷
帳野食之後共濯足溪中，歸來已午後。五時，顧醫生來
打針，自六月廿五日在滬寓病後，開始打針，至今日止
計共打七十五針，總算圓滿功德。

9月10日　晴

　　晨做動課，早餐後，作書寄清甫、廉白、暢卿、
炎之諸人，又前駐把東領事施紹曾（公唯，吳興，施
紹常司長伯彝之弟）來訪。午後，楊逸才所長來談，
送我楞嚴經一部計三冊。是日，震修兄之如夫人來
寓，幫同挑揀燕窩（製藥用），至晚揀畢。雜談伊家
情形，予與震兄相交二十年，家庭瑣碎，每無暇詢，
今始知其梗概焉。

9月11日　晴

　　晨起做動課。早餐後，管屋人李採芹告長假回皖，
不得已准之，又作書寄吳蘊齋、朱達齋二人。午後，讀
書一小時，又至崗頭、上橫、蔭山一帶散步，傍晚，許
靜芝由杭來，即下榻予處。

9月12日　晴

　　晨起做動課。早餐後，與靜芝雜談、又引導往觀蘆
花蕩泉水，午後，讀書一小時，又偕靜芝、性白、和姨
及眷屬散步至陟屺亭。晚飯後，與靜芝談導淮委員會、
譚組菴先生及立法院、外交部等種種情形，九時半就

寢，是夜，未能酣睡。

9 月 13 日　晴

晨起做動課，又與靜芝觀日出，早餐後，靜芝下山返甯。

9 月 14 日　陰

晨起做動課，早餐後，寄蘇紹文一函（附去何敬之復函），修直、君怡、韋度及屠正叔君各一函。午後，遊塔山公園，傍晚歸。

9 月 15 日　晴

晨起做動課。早餐後，閱報一小時，又理髮匠來理髮。正午，赴六月息園周湘齡君招讌，午後三時半歸，四時半沐浴。

9 月 16 日　晴

晨起做動課，早餐後，作書復震修、君怡（附去自衛申請書）、文欽（附去立凡原函）三君，又王有芳來算清另賬。午後，習字一小時、又馮幼偉偕趙叔雍由滬來，陪住遊山并留晚餐。

9 月 17 日　雨

晨起做動課，早餐後，作書寄青甫、達齋、岳軍三人。又前駐墨西哥公使岳昭燏（禾人鞠如）由杭來訪。傍午，馮幼偉、趙叔雍二君又來共午餐（是日為陰曆中

秋），餐後下午返杭。

9月18日 晴

晨起動課。早餐後，予妻作書寄炎丈、仲姨，予至天池寺訪張君雨樵，談三小時歸，午餐。午後，至金家山散步，歸途遇程遠帆君由杭來山，約次日來會。是夜，護兵勞曹貴外出未歸。

9月19日 晴

晨起做動課，又訓誡勞曹貴半小時。早餐後，作書寄君怡、韋度二人（次日發），又習字一小時。

9月20日 晴

晨起，達齋兄下山返滬，早餐後，與青甫兄雜談。午後，遊石嶠山。

9月21日 晴

晨起做動課，早餐後，與青甫兄嫂、和姨等在宅遊戲為樂。午後，至陟屺亭散步。

9月22日 晴

晨做動課。早餐後，偕青甫兄嫂及和姨、予妻、真女等同往遊莫干塢、軍馬隆各處，下午五時半返寓。

9月23日 晴

晨做動課。早餐後，青甫兄嫂下山返杭。午後，何

傑才君由滬到山談，至傍晚始歸。

9 月 24 日　雨

晨起做動課。

9 月 25 日　霧

晨起做動課，早餐後，偕予妻下山，正午抵杭，在青甫兄處午餐。

9 月 26 日　晴

晨做動課，早餐後，青甫兄嫂伴予夫婦遊西湖博覽會，參觀工業、藝術兩館，即在樓外樓午餐。午後二時，啟程歸山，五時半到山，遠帆兄夫婦在焉，遠帆談安利及大中事經過，頗敬佩其人格。

9 月 27 日　晴

晨起做動課，早餐後，應肆三君來談，正坐談間，忽胸部劇痛不能支，亟召醫，在醫未到前，用白蘭地插胸部，又嚙吞辟瘟丹一錠，劇痛一小時半始氣通而痛平，知為胃痛，來勢極猛，四支冷如冰，予妻亟甚，此實生平第一次，蓋連日七情衝動，鬱結使然，此後宜加倍修養，加倍謹慎方可。午後，楊逸才君來探病，由予妻代見（是日午、晚兩餐均停止）。

9 月 28 日　晴

晨和姨下山赴滬，予勉起床，略進早餐，早餐後仍

覺疲倦，乃在床休憩。傍午，何亞農君由滬來遊，即留
宿予宅後，敘終日，略知各方經過內情。

9 月 29 日　晴

　　晨早餐後，亞農下山返滬。護兵勞曹貴因患喉症，
亦准假赴杭就醫，予作書寄青甫、震修、岳軍三人，報
告赴杭經過，及道謝予妻作書寄君怡弟婦及仲勛姻丈。
午後，偕予妻出散步，至程遠帆君家小憩而歸。

9 月 30 日　晴

　　晨起做動課，早餐後，理髮師來理髮。姚月卿送武
康縣屬之本年糧串來，計洋元110，當即付訖。楊逸才
所長來雜談。午後，葉揆初、陳禮卿二君來茶點，談悉
財政及公債等情。傍晚，鄭毓秀女士偕唐伯文夫婦、楊
兆煥夫婦、唐質夫夫人、鄭女士之姊及王君來訪，略談
而去。

10月1日　晴

晨起做動課，早餐後，翻閱日報及導淮委員會常會、大會各議事錄。午後，整理物件。傍晚出散步。

10月2日　陰霧

晨起做動課。早餐後，檢閱浙江陸軍測量局出版之省圖與縣圖。

10月3日　晴

【田中急死與東亞】

晨起做動課，早餐後，作書寄震修、君怡、燏如、暢卿四人。暢函內有「田中因小川案發，急病而死，政友會醜態畢露，已失國民信用，一時萬不能再抬頭，回想去年吾等在濟時之苦痛，可謂天網恢恢無惡不報，同時佐分利在大阪演說態度尚好，為吾國前途計，不能不謂為一極好消息，但能對內有辦法，用錢能節省，實一旋轉安危局勢之好機會也」等語。正午，至鐵路飯店午餐。午後，楊逸才所長來報告，下山隊伍復開回，一部駐紮上橫。

10月4日　晴而爽

晨起做動課。早餐後，在廊下日浴一小時，又作書復立凡市長、亞農局長二人。午後，翻閱書報。傍晚出散步。

10月5日　晴

晨起做動課。早餐後，習大小隸書及草書，約兩小時，字課自病後荒廢甚久，今日握筆頗不自如。午後，雨樵兄夫婦來訪，談習字法及應先臨碑、後臨帖之注意。傍晚，性白由滬返述，悉伯樵、伯誠諸兄等近狀，又帶到白雲山館地圖三張，極為精美（前炎丈命滬市土地局員，來山實測者）。

10月6日　晴

晨起做動課，早餐後，作書寄青甫、炎之、仲完、純孺諸人，又習字一小時半。午後，讀楞嚴經數十頁，傍晚，楊所長來報告靜江之世兄赴杭及山上冬防情形，予給以一片，令至杭見朱騮先廳長。是晚大風。

10月7日　雨午後晴

【岳弟來談最近時局】

晨起做動課。早餐後，試驗新火爐，甚佳。又習大小隸書及草字約兩小時。傍午，林烈敷君由杭來共午餐，談西北情形及武進程滄波君之才氣畢露、目空一切（留英學生，時事新報主筆）。二時下山返杭，二時半岳弟夫婦偕姪輩熙麟、小采、陳德徵、陳小姐、朱達齋兄等到山（由湖州掃英士墓，來山訪問）共茶點。達齋告我蘭軍最近在杭經過情形。岳弟告我：（一）東北情形，中俄問題由王正廷、朱紹陽、樊光、郭同等四人之密議而起，因現分四派：（1）呂榮寰等對俄主硬，（2）張作相等防中央軍乘機入東省，故主和，（3）張

學良等主依中央，（4）羅文幹、沈瑞麟等對王正廷欲
陷伊無此法。先是由加拉罕告朱紹陽（朱回國參加奉安
時），欲運動恢復邦交，王正廷等欲仿膠濟交涉，收回
中東，自充理事長。嗚呼！一念之私，累及國家，如此
之重，真小人誤國，可畏。（二）西北情形，閻、馮均
不滿宋子文，閻規定月協濟一百五十萬元，此次劉蘭江
到京，又允月協濟二百萬元，內百萬軍餉，宋哲元、劉
蘭江、孫良誠各廿萬，餘四十萬代購米、麥運去，並謂
馮部約分三派：（1）韓復榘等反馮派，（2）孫良誠等
忠馮派，（3）劉郁芬等溫和派等語。（三）兩廣與長
江情形，兩廣亂事，有把握，不足慮，安徽對方叔平
事，似乎處置失當。并述中央癥結所在。言畢，互相嘆
息，蓋為國為友，情難自遏也。傍晚，下山返杭，擬次
晨返滬。

10 月 8 日　晴

晨起做動課。早餐後，作書寄震修、達齋諸人，又
肆三、性白同來訪，留共午餐。午後，出訪張雨樵君未
遇，又至程遠帆君宅雜談而歸。

10 月 9 日　晴

晨起做動課。早餐後，習大小隸書及草字約三小
時。午後，讀楞嚴經數十頁，傍晚乙藜兄由滬來山，即
留寓山館。

10月10日　晴

晨起偕乙藜觀日出，又做動課。早餐後，偕遊劍池、鐵路飯店，在飯店中遇蔣夢麟君雜談，至正午。傍晚蔣君夢麟又挈其子來訪，略談而去。

10月11日　晴

晨起做動課。早餐後，偕乙藜、程遠帆夫人及予妻、真兒登塔山，因是日為陰歷重九，循俗為登高之舉。午後，與乙藜談翻譯事業。傍晚，金止觀由日本歸，來山商留學事，乃作書介紹於岳弟。

10月12日　晴

【掃英士墓】

晨做動課。早餐後，送乙藜至庾村返滬，又偕程夫人、鄭性白君及予妻四人，順道遊莫干嶼，深入塢中，風景極幽，有峭壁、有龍潭，盤桓一小時回，至庾村雇汽車赴湖州（約一小時半），傍午，抵湖州，雇轎遊城內大街，至四時春午餐，午後，遊城隍、吳興公園。又折回南城外掃陳英士兄墓，并順道至李氏桃園小憩吃茶，三時返站，再雇汽車回山，抵寓已傍晚六時。

10月13日　晴

【《戰術綱要》】

晨起做動課。早餐後，作書寄青甫兄，匯去廿元，又寄炎丈一書，匯去七百卅元（卅元買藥，六百元歸塾）。傍午，周竹香隊長、楊逸才所長先後來談。午

後，為學生林立改《戰術綱要》第一編稿完竣，又日光浴一小時，傍晚，應肆三君來談。

10 月 14 日　晴

晨起做動課。早餐後，寄《戰術綱要》稿與上海山東路帶鈎橋武學書局邢效先君收（同時函知林立），又寄《管理局年刊》一冊與炎丈，又加匯洋一百〇五元與青甫。午後，日光浴一小時，又出散步，傍晚張雨樵君來談。

10 月 15 日　雨霧

【嘆時七律一首】

晨起做動課。早餐後，理髮師來理髮。

連日滬報到來，知雙十節後，政局驟現不安之象，西南之波浪未平，西北之風雲又起，故予在理髮時，作成七律一首，以嘆時事，詩曰：「十八年來說共和，共和共鬥共糊塗，胸懷鬼計參神闕，手執剛刀念佛陀。菩薩門前羅漢少，金剛座下美人多，世間多少前明事，不怪心魔怪法魔」。午後，閱書報，圍爐與家人雜談。

10 月 16 日　晴

晨起做動課。早餐後，搬運書箱上樓，及督飭僕役行廚房大灑掃，又收拾雜物入儲藏室。午後，日光浴一小時，并成七絕一首：「雨後山光分外明，梧桐落葉報秋深。西窗抵得寒風住，依舊廊前獨步吟。」傍晚，出散步，適中華書局經理陸費伯鴻君來訪未

遇。是日西北風極勁，天時人事似互相呼應者然。晚
間在床上聞窗外風聲久而未息，大有「疾風知勁草，
疑是渭南兵」之概。

10 月 17 日　晴

　　晨起做動課。早餐後，在廊前日光浴半小時，同時
回想昨夜情形，成五言一首：「秋夜北風勁，高山寒露
濃。白雲藏岫底，冷月照天空。睡到東方白，坐看大地
紅。循環成晝夜，何事待人功。」又周伯英君來訪，談
半小時去。午後，接岳弟、震兄各一函，促歸滬，又日
光浴半小時。

10 月 18 日　晴

　　晨起做動課。早餐後，作書復岳、震，約以十日後
可返滬一行，又因下山在即，記錄山館中各室物品表於
簿。午後，日光浴一小時，又程遠帆、陸費伯鴻、楊逸
才、應肆三諸君先後來談。

10 月 19 日　晴

　　晨起做動課。早餐後，林士模（可儀）由三橋埠
來，出其叔鐵錚兄稿相示，為其父來求題〈象贊〉，允
之。午後，日光浴四十分鐘，又至肺病療養院與周柏年
君雜談，是日在病院量體重為一百十六磅淨。

10 月 20 日至 12 月 31 日

　　〔缺〕

民國 19 年（西元 1930 年）
1 月 1 日至 2 月 22 日
〔缺〕

2 月 23 日　晴　在滬

　　晨起做動課，早餐後金純孺來，出示外部催赴荷蘭任函及農部擬任為參事兼上海糧食登記所所長一函，蓋彼意已欲辭荷使而就農部也。十一時偕予妻赴萬國體育會俱樂部稍事球、杠等運動，即在該處午餐。請伯樵、炎之、君怡及唐寶書等四組同餐。午後三時歸寓。傍晚炎之、文欽二君又來談敘。

2 月 24 日　陰

　　晨做動課，早餐後，俞詠瞻君來談植林計畫。午後在園中植繡球一株、碧桃一株、綠梅一株、紫荊兩株、洋楓一株、龍柏一株。又亞農由蘇來。告我奉蔣命致閻電大意。晚做動課。

2 月 25 日　晴

【是日留鬚】

　　晨起做動課，又作書寄楊逸才（託辦山館內雜事）、潘尊行二君。早餐後作書復青甫兄，允於廿七日午後特快通車赴杭，踐偕往超山觀梅之約。

　　午後理髮師來理髮，作為留鬚日，又讀書數十頁及庭內散步。晚做動課後就寢。

2月26日　晴

【五一初度】

晨東方將白時，風雨雷電交作，勢甚狂驟，約繼續一小時半。予依舊七時起床，先做動課。早餐後岳軍弟歸，帶熙麟兒來拜壽。（因是日為陰歷正月廿八日，乃予五十一初度之辰）。未幾，諸親友均先後來，計有震修、修直、傑才、翊唐、仰先、亮才、季實、亞農、續之、九如、廉白、逸農、崑三兄弟、雲浦、堯年姪、慕川太姻丈、巍舅、君怡、炎之、伯樵、達齋、文欽、純孺、季良、伯誠八位夫婦。又寓鋒由津趕到，帶來直卿、鹿君、仲勉及彼自己各函件，代表祝壽，均在寓午餐，僅四碟一麵（不備酒、不備菜），亦屬極簡單之創舉也。午後三時客散，予稍休憩。傍晚至和姨家中晚餐。

2月27日　晴

晨起做動課。早餐後稍事整理，因昨日來客過多之故。正午赴大華飯店王石蓀招宴之約。午後三時十五分，赴北站乘車。傍晚七時卅八分到城站。青甫兄來接往彼宅下榻。

2月28日　晴

晨起早餐後，雇汽車赴超山觀梅，九時動身，十時半到。同行者有青甫兄嫂及其孫啟予與予妻五人。超山在杭州東北約百里，山麓有所謂大明堂等者，有一古剎，廟前有宋梅一株，非常蒼老，聞已有八百年壽命，

其傍環繞梅花一大片，亦皆七、八十年以上之物，較之去年無錫、蘇州兩地所見之梅遠勝遠勝。到廟後稍事休息，即上山遊中聖殿、上聖殿兩地，中途遇葉揆初、陳禮卿諸人。遊畢，回大明堂午餐，均素食。住持名正法和尚，乃一滇人。午後四時回杭州，又偕予妻往邵芝巖購筆及龍華鞋店買鞋。

3月1日　晴

晨起做動課，早餐後本擬返滬，因青甫嫂堅留，乃偕予妻、青甫兄嫂同出，雇舟遊湖。傍午至樓外樓午餐。餐畢，雇洋車遊雲峰觀梅，即在梅園內品茗。復登巔，在徠鶴亭眺望西湖、之江及杭城。中途遇都晉奚學兄之子都晉生。又續遊玉泉觀魚。傍晚五時半回城。

3月2日　晴

晨起做動課，早餐後與青甫兄談貧兒教養事。知彼與潘君履園亦有是熱心，惜尚未籌得具體進行辦法也。九時半赴城站乘車回滬。午後二時一刻抵上海北站，文欽、伯麓、廉白三君來接。抵家後稍休息，炎丈、君怡等偕湛侯學兄來。彼初任命為青島特別市長，特由甯來商用人事，囑為介紹財政、港務兩局局長，惜乎索盡枯腸，不得理想人選，而紛紛欲謀事者又皆為生活所迫之徒。最後允為物色財政人才一人，在王叔鈞、葉叔衡二人中分別去函徵求同意，俟得覆後再議。湛侯當日晚車返甯。晚間大雨。

3月3日　陰

晨起做動課，早餐後，伯樵來談，去後予又電邀君怡來，加以應付上之注意。午後岳弟由閩歸，詳述查辦閩變及自身遇險經過，並出示西禪寺籤文一紙，真是靈感之至。晚做動課。

3月4日　陰

晨起做動課，早餐後，易寅村兄由甯來訪，送來故宮博物院印刷品六種，又攜來提案文一件，擬送「清史實錄」及「圖書集成」各一部於國府中央圖書館，囑為簽字贊成，予允之。又詢及金純孺歷史，予告以其才可用大意。午後作書寄仲勛、鹿君、直卿三人致謝，張寓峰帶來禮物。傍晚君怡夫婦來共晚餐，教以外交上互惠與最惠兩層關係。晚十時去，予即就寢。

3月5日　雨

晨起做動課，早餐後，作書寄青甫兄及逸才所長、性白弟三人。午後，讀書數十頁。晚做動課。

3月6日　雨

晨做動課，早餐後，文欽、傑才、君怡先後訪，各有所蔽，乃為之各開豁之。午後，伯樵來告，伯誠赴汴接洽經過，似和平尚有一線之望。晚做動課。（是日下人佩福與女傭陳媽口角，女子、小人，可憐、可惱。）

3月7日　雨

晨起做動課，早餐後作書覆陳哲人、張雨樵、沈立孫三人。午後讀書數十頁。傍晚炎丈、和姨偕湛侯來共晚餐，湛將於明晨乘船赴青島就市長任，特來詢市政設施及人事問題，晚十時去。

3月8日　陰

晨起做動課，企林來訪，略談而去。早餐後，岳弟自甯歸來，告大局情形。聞閻、馮將使其實行出洋，又述及上海市政及對日交涉情形。十一時去後，裁縫陳司務來，試穿兩衣。午後讀書數十頁。晚做動課後就寢。

3月9日　晴

【購買黑小警犬一對】

晨起做動課，早餐後君怡夫婦、炎之夫婦來接，往遊國貨商場。炎丈代我購到比國種黑小警犬一對（一雄一雌），計合銀壹百兩，係本年一月間產物，其父母係李昌祚君新由比國親自帶到者。乃將黑犬安排好，即出遊商場，購得陳嘉庚製跑山鞋一雙。又同至「飯店弄堂」老正興午餐。午後二時歸寓，在家與炎丈等雜談。晚餐後始去。予做動課，就寢。

3月10日　晴

晨起做動課，早餐後作書寄沈立孫。又電約林烈敷君來談，為代伊父題墓門事。午後讀書一小時，又偕予妻去散步，購微物而歸。晚間文欽來談關稅事項。

3月11日　雨

晨起做動課，早餐後李石曾君來訪，出一提案稿要求簽字，予允之。（為故宮博物院擬在南京、杭州、廣州三處設分院，將重複物品分別各地陳設。蓋含有物散較易保存之意也。）又與之略談政情。李去，蘭兒偕敏

外孫女來，談及義舫有意外遊，由中日文化基金補助遊英德兩年之議。五時茶點後歸去。晚做動課。

3月12日　雨

晨起做動課，早餐後文欽、君怡、伯樵先後來訪，因是日為中山逝世五週紀念，市府放假故也。予作書寄葉叔衡君代湛侯介紹，擬約為青島市財政局長。又為林烈敷君之父題墓門曰「浩氣長存，澤留甌海。佳城永奠，光被仙露。」十六字，字大一尺方，上款署曰「松濤先生千古」，下款署曰「黃郛敬題」。自習字以來，親筆為人題字者，此為第一次。（除在嘉興祖塋傍建設宗祠時之宗祠記，係予自作外。）林君為溫州平陽人，將建石牌坊於平陽縣屬之鎮南關墓傍，所題之字將石刻於牌坊之石柱云。午後岳弟、修直先後來訪。岳弟告我郭同所述儒堂辭職消息，並述及對日情形。修直送來神朴一兩，藉治胃疾。傍晚岳弟婦亦來，即在予宅共晚餐後始歸去。晚做動課。是日還岳弟舊欠壹萬元。

3月13日　晴

晨起做動課，早餐後謝復初之子謝祖錫（仲復）來訪。又讀威音佛刊第五期一冊。午後在園中督飭工匠布置花池二個。晚做動課。

3月14日　晴

晨起做動課，早餐後王石蓀來談遠東鴉片調查團情形及內幕。午後蘭兒偕舫婿並率同敏、芳、梅三外孫女

來遊，傍晚歸去。晚間文欽來談時局，並為我決定代售古汽車一輛，以節經費。

3月15日　晴

晨起做動課，早餐後偕予妻出購上山物品，傍午歸寓。伯樵夫婦定做常州燒餅二十枚來共午餐。午後，黃文叔、楊暢卿、朱炎之諸君先後來訪。晚間文欽來，略談而去。予即做動課後就寢。

3月16日　晴

晨起做動課，早餐後，巧姨來，予妻在樓上會晤之。又震修兄來訪，談公權近況與將來。未幾予妻亦入座，代巧姨託震修代查漢口中行存款善後辦法。震修去後，予出訪岳弟，即在岳宅午餐。午後青甫兄由杭來訪，又電邀君怡來與柏油路包工人辦交涉。晚做動課。

3月17日　晴

【見尾勝馬著《王陽明ノ哲學》】

晨起做動課，早餐後金九如君來談，託伊函託袁滌庵代售津屋事（意租界四馬路廿一號）。又函復張雨樵、藍軍恆二人，均為人事問題，苦極苦極。午後讀完《王陽明ノ哲學》一書。傍晚修直、伯樵、君怡等先後來訪。晚做動課後就寢。

3月18日　晴

晨起做動課，又出散步半小時。早餐後，朱達齋君

來託往霖生醫院談判築溝修路事。又讀書數十頁。午後訪傑才，偕至溫泉沐浴，傍晚歸。晚做動課。

3月19日　陰

晨起做動課，又出外散步。早餐後，達齋、墨正先後來訪，墨正受公洽之託來商浙事。予乃告以前次介石派乙藜來商長蘇，緩詞推卻之經過，並請轉達公洽勿提此事，以免誤會。午後讀書數十頁。五時頃，炎丈帶豆沙團廿個偕和姨來吃茶點，並共晚餐。晚間文欽來談。

3月20日　晴

【潘光旦譯《自然淘汰與中華民族性》】

晨起做動課（近來所做之動課含有太極拳、太極劍、六段錦、喂狗、澆花、灌金魚數種），又出外散步一小時。早餐後，作書復性白及喬耀漢。又讀完《自然淘汰與中華民族性》一書。午後趙厚生君由青島來，述其湛侯到後辭去教育局長之經過。又寄岳。周肇甫君由無錫來，詳述彼之家庭糾紛之由來，及其子振寐病狀。嗚呼！凡人心中一有芥蒂，即疑心暗鬼，百是皆非矣。無明之障，可畏若是，良可嘆也。晚做動課後就寢。

3月21日　晴

晨起做動課，又出散步一小時。早餐後至植木會社購澆花用唧筒。又伯樵來告，蔣已到甬。未幾，電詢岳弟，因岳不在家，由岳弟婦接話，知蔣在滬，岳已見過，然當晚仍須赴甬云云。究竟內容如何，仍不知其

詳。晚做動課。

3 月 22 日　晴

　　晨起做動課，又出外至徐家匯一帶散步一小時。早餐後，讀書數十頁。十時頃岳弟來報告昨日晤蔣所談經過，知蔣已返甬掃墓，故作閒態。午後，沈昌君由杭來述浙省保安情形，暢卿、修直亦先後來訪，傍晚始去。晚做動課。

3 月 23 日　晴

　　晨起做動課，早餐後君怡來車接，同往江灣唐家花園遊覽。是日星期因伯樵放洋在即，予豫定十六座在江灣萬國體育會內午餐，與之餞行。餐前先往唐家豫備有乘馬數匹，一尋春郊馳逐之樂，同騎者有梅華銓、王達仁、黃伯樵、沈君怡諸人。騎畢赴會午餐，同座有唐寶書、黃伯樵、沈君怡、朱炎之、譚雅聲、許修直、袁文欽諸人及眷屬。午後三時歸。傍晚亞農由津歸，詳述此次北行所得各方時局消息甚詳。總之，百川一面引狼入室，一面又放虎歸山，已陷入不可救藥之窮境矣。

3 月 24 日　晴

　　晨起做動課，早餐後震修來談。又作書寄青甫、文叔二人。午後，陶益生君由北平來，略述聞見，又仰先、志萬二人來述嘉屬地方不靖情形，囑從緩掃墓。晚做動課後就寢。

3 月 25 日　陰

晨起做動課，早餐後作書寄叔汀三哥，請其先往掃墓。又讀書數十頁。午後傑才來談。傍晚石曾電詢津屋情形，約次晨來訪面談。晚做動課。（上午十一點以後放晴）

3 月 26 日　晴

【植白皮松兩棵】

晨起做動課，早餐後，石曾來談津屋購買事，乃順次談到華北水利委員會及世界學院等最近內容。最後說定由予先電沈理源兄接洽。石曾去後，即邀達齋來，囑往市府先電理源，並託另詳函理源代為辦理。又昨日應舅由北平託新銘輪運到北方特產「白皮松」兩棵。客去後，即飭僕楊林幫同親植於西籬白玉蘭樹之兩傍。午後岳弟來談市府情形。又修直來，送到代購小米一包。晚間文欽來接洽事件。

3 月 27 日　晴午後雨

晨起做動課，早餐後電叫理髮師來理髮。午後李石曾君來付津屋出售定洋壹萬元，總算又了去一樁事。并順便談及對舊同志曾住過之紀念屋事及編纂黨史與搜集革命紀念品等事。予示以民二之通緝令、民五之克強手書及民元送中山赴寧就職照片，并述及介石送英士及我之紀念刀，刀上鐫有「安危他日終須仗，甘苦來時要共嘗」之句。此句乃民元在打鐵濱介石住宅內，予與英士、介石交換蘭譜時，英士撰句，書於其上，作為信約

者。傍晚岳弟來談。晚赴四馬路杏花樓唐寶書君之約。
餐後并自演電影片，乃上星期日在江灣唐家花園騎馬時
所攝者。歸寓已十時。

3月28日　晴

　　晨起做動課，早餐後作書寄沈理源君託辦津屋出售
過戶手續。午後北大學生蘇紹文（現充南京教導師砲兵
團團附）來訪，談民十四別後赴日留學陸軍經過。傍晚
岳弟電邀赴彼宅遊覽花園，歸寓晚餐。臨睡又做動課。

3月29日　晴傍晚雨

　　晨起做動課，早餐後文欽來告第一區區長發現受
賄事，深嘆滬埠之黑暗，實為唯一之陷人阱。又讀書
數十頁。午後岳軍、修直、文欽諸人先後來談，因是
日為黃花岡先烈殉難紀念日，各機關放假一天，故岳
弟等均來會。

3月30日　晴

　　【喬國東來談】

　　晨起做動課，早餐後北大學生政治組喬耀漢從甯來
訪，多年不見，談話遂長。十一時始別去。正午赴許修
直君之約（在海格路雪園，陳小嘉之住宅）。午後歸寓
稍憩後，又至炎丈宅敘談。晚即在彼宅晚餐，有修直、
文欽二君同座，晚十一時歸。

3 月 31 日　晴

晨起做動課，早餐後亞農偕張彬人（舊交通部職員，現供職鐵道部，乃張心穀之介弟）來訪，雜談兩小時而去。午後外出，散步一小時後歸。蔡增基君在寓候，彼新自倫敦歸，詳述與中英公司交涉經過，與鐵道部之臨陣抽腿辦法極為惋惜，并述及在美，見華府外部諸人知美總統胡佛正在進行其連南美之大門羅主義，意謂惟此法可以避免日美衝突，而又不妨礙美國之發展也。傍晚周亮才君來談，晚做動課。

4月1日　晴

晨起做動課，早餐後曬字畫并為之記錄。午後楊公苕君由甯來談德國實業考察團來華之動機及內容。晚做動課。

4月2日　晴

晨起做動課，早餐後達齋、廉白二君來接洽運山箱件事。又金九如來商改就北票煤礦事，殷亦農來談將赴日遊歷事。傍午岳弟來告介石已到滬，并順便談最近大局情勢及後方之各種顧慮。午後翊唐偕王叔魯君來訪，略談東三省各方內情。叔魯去後，金純如夫婦來，應酬半小時。未幾，熊天翼司令奉介弟命來傳言，略謂本擬檢閱龍華軍隊後，來予處談敘，因時間迫促，另有他約，不克如願。約我次晨十時往其親戚家宋宅去談等語。晚間文欽來談，去後，予做動課後就寢。

4月3日　雨

【與介石談】

晨起做動課，早餐後炎丈來報告莫干山503號房屋接洽事。九時半赴西摩路宋宅訪介石，座中有天翼（天翼中途先行）、岳軍，門口有楊虎。予以政府要務有三點之說進：（一）黨之健全組織（分縱面改組與橫面改組兩層）。（二）黨之經濟政策（所謂擁護工農之說）應加以確切之解說，勿為共產黨斷章取義之解說所利用。（三）與土匪拼命，所謂季孫之憂不在顓臾，而在蕭牆之內。此種說法在我亦不過為良知所驅使，聊為

「無心插柳」之職而已，成陰與否，本可不問。十一時歸寓，運出行李十二件赴山。午後修直來談。傍晚震修兄來，託伊津屋餘款接洽及傑才位置轉託公權盡力兩事。晚做動課。

4月4日 雨

晨起做動課，早餐後作書寄青甫、性白、感塵、立孫、亞農五人。午後偕傑才往溫泉浴室沐浴。歸寓後，炎丈來報告與阿爾滿談判山上503號屋之經過，知丁鎔正在競買。

4月5日 晴

晨起做動課，早餐後仰先來略談即去，予整理行件。午後出散步一小時餘歸。傍晚赴岳弟宅之宴，同座有伯樵、叔雍、翊唐諸夫婦。岳弟出示鐵城由遼東電知張漢卿允借撥重砲一團彈藥萬發與甯方調用。同時保薦王家楨外次、胡若愚內次或衛次。晚十時歸寓。

4月6日 晴

晨起做動課，早餐後整理書房。傍午赴岳軍宅午餐，同座有暢卿、增基、鴻鈞諸夫婦。午後三時歸寓，文欽、伯樵、君怡在，長談至傍晚始先後散去。晚做動課。

4月7日 晴

晨起做動課，早餐後八時到徐家匯車站上車，赴

杭。午後壹時到城站，青甫兄來接，當命僕人先帶行
李，另雇車上山。予等至青甫兄宅少憩後，另偕往梅東
高橋全國運動大會參觀籃球、足球、排球三種，聞此次
運動，奉天第一，廣東次之，上海又次之，餘均無分數
可言。在會場中遇馮幼偉、吳蘊齋、湯德銘、林士模及
何敬之偕其夫人，何等另有座席，故僅一握手即別。參
觀畢出至岳王廟參拜岳夫子墳墓。並與真兒說明一切。
歸城時順道在湖邊小吃。晚間與青甫兄雜談，又昌弟偕
其夫人來訪，告知浙江沿邊防務情形。

4月8日　上山　晨大雨　十時後放晴

晨起做動課，早餐後叔汀三哥來談，據云墳屋無須
修理，大哥身體尚好。惟有時太急躁耳。八時半浙江新
任保安處長朱世明（公亮，湘人，留美，陸軍出身）來
訪，談至九時，昌弟亦來，九時半客去。十時予等上車
赴山，沿途幸無風雨，至陟屺亭，程君遠帆偕其夫人、
女公子等來接，鄭君性白亦同來，到山館已午後一時。
午餐後，楊逸才所長、程遠帆先後來談，程君新近遊瀋
陽、天津歸，故談北部情形頗詳。

4月9日　雨霧

晨起做動課，早餐後整理書廚及什物。午後張君雨
樵來訪，送來端硯兩方，彼自上山後身體日見進步，較
之去秋上山時宛如兩人。故彼已購定一屋，豫備繼續修
養。傍晚楊逸才所長偕聯運處張雲孫君來訪，又同至
520號看屋。晚做動課後就寢。

4 月 10 日　晴午後雨

晨起做動課，早餐後李有功司務來，囑計劃後山築游泳池。又作書寄炎丈、青甫哥二人，又分送舊著「旅順實戰記」、「戰後之世界」、「中國之將來」各書與程遠帆、張雨樵、張雲蓀各山友。午後出至近傍散步，并視察後山改築道路形勢。傍晚雷雨大作，繼之以霧，徹夜未霽。晚做動課。

4 月 11 日　霧

【衛心微談造船】

晨起做動課，早餐後作書寄堯年姪。午後讀書數十頁。

又衛心微君由北平來訪，談至傍晚始去，彼寓鐵路飯店。晚做動課。

4 月 12 日　陰

晨起做動課，早餐後作書寄炎丈，又衛心微、程遠帆二均先後來談，并共午餐。午後為衛君作書寄文欽。晚做動課。

4 月 13 日　霧

晨起做動課，又至 503 號後山察勘地形，為青甫兄代設計放寬後園。早餐後讀書數十頁。又為衛君作書寄湛侯說項。午後讀書數十頁，晚做動課。

4月14日　霧

【伍光建譯《霸術》】

晨起做動課，早餐後程遠帆君偕楊逸才所長來，請發電與周柏年，託代向朱騮先廳長緩頰，對楊所長暫緩更動，予允之，與遠帆同具名發一電。楊去後，與遠帆談湯爾和、薛篤烈、羅文幹、顧少川等近情，傍午始去。午後讀書（伍光建譯，意國馬加維里著之《霸術》一書）。晚做動課。

4月15日　霧至午後晴

晨起做動課，早餐後翻閱滬來日報，又讀書數十頁。午後初訪程遠帆、張雨樵諸君并順道在楊逸才所長處小憩。傍晚回至遠帆宅晚餐。八時半歸寓。

4月16日　晴

晨起做動課，早餐後李司務有功來，偕往青甫兄宅後山代規畫起砌道路路線等事。未幾，遠帆偕楊所長來報告謂得省府保安處秘書主任立孫弟電話稱，泗安已克復，匪已遠颺。囑釋念等語，并留共午餐。午後督同花匠植根種花木。傍晚偕妻女出至新市路一帶散步。晚做動課。

4月17日　晴

晨起做動課，早餐後作書寄石曾、達齋及子青諸人。午後遠帆、性白等來談。

4 月 18 日　晴

　　晨起做動課，早餐後鄭分隊長肇初來辭行，因彼隊將調往臨浦，聞後來者為夏分隊云。又作書二通，一寄張靜江主席（快函）紹介外部視察專員陶益生，一寄文欽（雙掛號）託辦公債交割事。午後趙局長才標、應秘書肄三來談本年對莫干山設施之新計劃。傍晚陶參事益生由杭來訪，彼新被任命為外交部視察專員，其視察省區為浙閩粵桂黔五省，因相與談莫干山外人購地經過之歷史，藉供參考。并留共晚餐。晚九時別去。

4 月 19 日　陰

　　晨起做動課，早餐後作書寄文欽，又讀書一小時。午後陶益生來談，偕往遊塔山公園、球場各地，五時歸寓茶點後，益生別去，晚做晚課。

4 月 20 日　晴大風

　　晨起做動課，早餐後訪楊逸才所長，因彼將離任，故往安慰之。又順道訪遠帆及其門，僕人由家來告，謂公權兄從滬到，囑即返，乃僅與遠帆立談數語，即歸寓晤公權。一年未見，談話極多。彼此次遊歷歐美感想雖極多，而尤著眼於純潔之精神，為最可欽佩。至對各國立國觀察，亦甚得要，謂英國之民性「理之極」，法則「情之極」，德則「力之極」，至若日、美，則美為「安樂之極」，事業成於安樂之中，文化、學藝亦隨之以興；日為「憂患之極」，確為最扼要之觀察。彼專為訪予一談而來，車在庾村等候，故共午餐後談至兩時半

即下山，因彼尚擬當日乘夜車返滬也。予送至陟屺亭而
歸。又是日炎丈、和姨等亦自滬來，佈置其新購之501
號屋，乃為之共同設計，實地勘察。晚共晚餐後始散。

4月21日　雨後霧

晨起做動課，早餐後為炎丈設計並付與鄭、李兩
包工者雇工改築廚房及下房。傍午青甫兄由杭來，亦
係為察看其新購之503屋。午後又叫鄭、李兩包工人來
至實地設計。又是日下午二時楊幼京君來談兩小時。
晚做動課。

4月22日　雨霧

晨起做動課，早餐後陪青甫兄察看後山改選路線。
午後與青甫兄、炎丈等雜談。晚做動課。

4月23日　晴

晨起做動課，早餐後炎丈、和姨等下山返滬。予又
至鐵路旅館回拜幼京，彼往遊碧塢未遇，乃留字而返。
順道至八十六號訪遠帆，聞新任本山公安分局長蕭珍已
來山，楊逸才擬明日交卸，廿六日下山云。傍午歸寓午
餐。午後整理函件，并因連日客多，酬應過度，稍覺疲
倦，故休憩半日。晚與青甫雜談，十時就寢。

4月24日　雨

晨起做動課，早餐後偕青甫與李司務決定為503屋
築水泥洋台。十一時陳禮卿君來談。正午在宅宴楊幼

京，同座有吳步岳、張雲蓀、陳禮卿、徐青甫、程遠帆
諸人。午後三時散席。晚間與青甫雜談，作書寄心微君
附去湛侯一函。

4 月 25 日　雨霧大風

晨起做動課，早餐後與青甫談命理及奕道，彼謂命
之方程式為604 合計有12960000，奕則更繁。查棋盤為
192 共有361 子，故其方程式更複雜矣。并謂日本棋國
手最高者為九段，而九段之鼻組姓「本因坊」，故以後
凡能進至九段者均名「本因坊」。中國近代有閩人名吳
清源者（張元奇之外甥），年僅十五、六，已進至六、
七段，現留日本云。又作書寄朱虜石、郭令之、金問泗
及君怡四人。另寄由滬發復伯誠、芳亭一電。午後新調
防來山之省警察隊（特務隊）第二大隊第四區隊分隊長
謝震宇（號佛莊，天台人）來訪，請求暫借陟屺亭為夜
間巡邏兵休息之用，予允之。又楊逸才所長已交卸，將
於明日下山來辭行，予安慰之。晚間與青甫兄雜談，始
知知人之難也。

4 月 26 日　晴

晨起做動課，早餐後青甫兄下山返杭，予作書寄
岳軍、文欽及斯夔卿三人，又至東山一帶散步。午後
日光浴一小時，又在園中剪掃樹枝，藉資運動。晚八
時半就寢。

4月27日 霧

晨起做動課，早餐後作書寄公權，勸伊租422號屋，以備避暑之用。午後應肆三君來談，留共茶點。又讀書兩小時。

4月28日 霧

晨起做動課，早餐後簽一字樣寄萬國體育會書記譚雅聲君。又讀書兩小時。午後連續讀書兩小時。傍晚至後山冒霧散步，繞至蘆花蕩而歸。晚做動課後就寢。

4月29日 雨霧

【木村泰賢著《解脫ヘノ道》】

晨起做動課，早餐後作書寄達齋、修直二君，又讀完《解脫ヘノ道》一書。午後出訪程遠帆君，即在程宅茶點後歸寓。至晚餐時楊君暢卿攜其長女公子及譚禮庭君夫婦由滬來山，乃相與共晚餐。餐後雜談：（一）時局大致情形。（二）譚君所經營煤礦招股事。（三）岳軍託詢遊雪竇寺事。九時半就寢。楊、譚諸君即下榻山館。

4月30日 晴陰

晨起做動課，早餐後偕楊、譚諸人遊塔山公園，參觀肺病療養院，又繞道遊教堂、球場、蘆花蕩而歸，并順道參觀簡玉階新購之516號屋（因譚與簡為至友故也）。午餐後，一時楊、譚諸人下山返滬。予休息一小時後，青甫兄託航船由杭帶到花木四枝，乃督同工役在

園中植樹。傍晚程遠帆君來談一小時歸去。

5月1日　陰午後雨

晨起做動課，早餐後作書復黃仲蘇、周湘舲二人，并代友租定周湘舲所有之工蓬廬房屋，付定洋百元。午後讀書兩小時，又翻閱滬富國煤礦公司章程及節略（譚禮庭交來，礦在廣東北江）。晚做動課。

5月2日　晨陰午前九時放晴

晨起做動課，早餐後作書寄岳軍、傑才二人，又讀書數十頁，至午前九時天忽放晴。遠帆派性白來邀遊三橋埠，乃即偕予妻、性白及遠帆夫婦由舊道走下山。復由庾村乘公共汽車至三橋埠，即在該埠小飯店內午餐，予等觀察鄰座勞働者之飲食，均以為中國下級社會：（一）生活並不乾枯，邀友小吃或飲酒自樂。（二）營養並無不足，炒鱔魚、拌麵、白切肉、餛飩。（三）不甚知積蓄之道。午餐畢週覽三橋埠市街後，仍乘公共汽車返庾村。在車站遇靜江派兵兩車來山接其妻兒歸杭，不知是否時局關係？至庾村後，雇轎五乘回山，到寓已三時半。復往後山察看朱、徐二家工程，並計劃予地後山築砌造籬等事。晚間蓄犬狂吠，未能成寐，深悟室家之好，主觀各有不同，亦應守清淨戒為上。

5月3日　雨

晨起做動課，早餐後讀書兩小時，靜思一小時。午後繼續傍午前工作，深悟：（一）苦樂共利主義為最高處世術之妙諦。（二）新陳遞嬗，潛長暗滋，以漸不以驟為宇宙間自然法則之定律。

5月4日　風雨霧日

晨起做動課，早餐後讀書兩小時。午後應肆三、鄭性白來談，在後山亭上看極顯明之正半圓形之虹。傍晚應、鄭等歸去。晚餐後廚子來告，謝分隊長傳語，於簰頭鎮之西稍有不靖，而靜江之子下山，即因此消息云。

5月5日　晴

晨起做動課，早餐後性白來告謂，沈立孫託趙縣長帶口信來謂，將上山來晤，予順便與性白談注意公安問題，并同至後山視察。午後管庵人錢銀根辭職去，乃另雇安慶人李某暫行試用。傍晚本山新任公安分局局長蕭珍來訪，報告山下近鄉情形，蕭為湖南人，年僅廿二，外表頗覺精明強幹，晚間彼派警兩名來寓後山「四望亭」，以資看守。

5月6日　晴

晨起做動課，早餐後理髮匠來理髮，又在園中剪花。午後謝震宇分隊長來報告近山防務情形。未幾程遠帆、鄭性白等亦先後來談，留共茶點。傍晚客散，至503號察看青甫兄宅工程。晚餐後，做動課就寢。

5月7日　晴

晨起做動課，早餐後李有功派人來做金沙，據說此沙塗刷水泥面，能使堅固而不翻潮，係美國出貨廣告，如此姑試云。又作書寄郭養庠、錢乙藜、汪叔明、袁文欽四君。午後出至蔭山訪蕭分局長及張雨樵二人，均不

遇。在電報局稍憩後，即由崗頭繞球場歸寓。傍晚趙縣長來訪，略談浙省各地政治及地方防務情形。

5月8日　雨

晨起做動課，又至上橫村遊覽，順便訪孫分隊長，又訪王有芳未晤，乃繞上橫路出崗頭回寓。早餐後風雨忽作，遂讀書兩小時。至午請遠帆夫婦來寓吃麵雜談，至四時半方去。晚做動課。

5月9日　晴

【盧信著《不徹底原理》】

晨起做動課，早餐後作函復楊幼京、周亮才、衛心微三人，又讀完「不徹底原理」一書。午後在園中剪枝，以作運動。傍晚偕性白及李司務同往後山看俄人格羅思房屋，因楊幼京來信託租屋避暑故也。晚間月明氣和，在廊下靜思半小時。

5月10日　晨陰午前九時放晴

晨起做動課，早餐後往新市路看黃人望房屋，擬為亞農或暢卿租賃。傍午赴遠帆之約，至鐵路飯店午餐，順道遊劍池觀瀑布。餐後繞蔭山歸寓，中途遇張君雨樵，又在陳永利茶店品茗閒敘，歸寓已三時半。稍憩後又在園中剪枝。晚做動課後就寢。

5月11日　霧

晨起做動課，早餐後偕李有功赴崗頭看235號屋，

擬為暢卿兄租賃，以作避暑之需。看屋歸來，姚月卿村長在寓候焉。彼為改造天地寺山門及夏季駐兵所房屋之監工及會計委員，予對該工程，去冬曾寫捐貳百元，彼來收款，乃如數付之。午後應肆三君來，託伊代雇定轎子三乘、挑夫一名、包車一輛，以便十五日下山之用。

5 月 12 日　晨雨霧

晨起做動課，早餐後作函復陳果夫、錢乙藜二君（為導淮經費已決定在英俄庚款項下報據四千萬元事），另兩函寄發公權、亞農二君，均為囑代租山屋避暑事。午後讀書兩小時。

5 月 13 日　霧

晨起做動課，早餐後起草「為故滬軍都督陳公英士建立紀念塔行開工奠基典禮演說詞」一篇（詞稿另存），此稿至午後四時完成，約五千字。完成後，在園內散步，并採摘草莓，拌以牛乳、白糖，與妻兒共食之。

5 月 14 日　晴

晨起做動課，早餐後遠帆來談謂顧少川已到滬為視母病。午後收拾行李，豫備明日下山，又趙局長、鄭性白、張雨樵諸君先後來談。傍晚客散，偕予妻及真兒至球場散步。

5月15日　晴

晨起做動課，早餐後對鄭、李兩包工人各代朱、徐兩家付款二百元。又遠帆來出示顧少川函，肄三來述及省派來視察之奧國顧問意見，留共午餐。午後零時卅分起程下山。至杭後，青甫兄來站相晤，車中遇粵人黃公華（任恆），係留日砲科畢業，現充砲兵教導團之附。該團將移駐筧橋，車至松江，廉白由滬來接，至晚十時抵站，文欽、達齋、君怡均在站，抵寓後，十一時就寢。

5月16日　晴

晨起做動課，早餐後岳弟及修直先後來談。午後君怡來談（岳談軍事、外交、滬事。修談金融及西北情形。君怡談紀念塔事。并與以閔果夫、宜祉二人來函關於導淮事）。又袞甫公使由日本歸，偕耿續之來談，未幾岳弟偕暢卿來，乃共茶點而散。

5月17日　晴

晨起做動課，早餐後袞甫偕周志成君來，述及日本對小幡事擬求一結束。昨日因有岳、暢在座，未能詳談，故來補述，并要求介紹果夫。袞甫等去後，錢乙藜兄由甯來，述其對導淮事業之意見，又市府秘書長俞鴻鈞及周亮才二君亦先後來談。午後袞甫又來報告與王儒堂面晤，對小幡問題討論經過情形。又作書（快函）寄楊逸才，囑伊來滬就督察員職。另一快函寄李儀祉，請伊來滬一敘，商導淮事。傍晚張公權、吳震修、許修

直、張岳軍諸人先後來談，留共晚餐。公權送桌錶壹只
（由歐帶來）。

5月18日　晴

　　晨起做動課，早餐後九時半岳弟來接，同往民國路
為英士紀念塔行破土典禮。十三日在山上所起之演說稿
即發表之。在會場中見滬軍舊人不少，銀行界人亦多，
中外記者均在予執鋤破土時攝影而去。十一時四十分
禮畢回寓午餐。午後一時半文欽來接，同往北京路參加
湖社所發起之英士紀念堂奠基禮，會場中人更雜，乃未
終會而先歸，在家中沐浴、茶點後，炎丈、和姨偕來敘
談。傍晚君怡夫婦及楊公茗君亦來敘，晚十時寢。

5月19日　晴

　　晨起做動課，早餐後李石曾兄來談此次赴北平前後
之經過情形，并主張河北省為文化中心，不設政治、軍
事等空要機關，情智兩全，甚佩甚感。又陳果夫來談導
淮事，予告以在野輔助介弟之實情及必要，并留以待
收拾時局之德化作用（半力半德）。午後吳稼農、徐聖
禪、何傑才、金問泗、徐繼實諸人先後來敘。吳報告將
調往吳江。徐將辭市財。金來約與顧少川晤談。傑才來
問好。繼實來代亞農接洽山屋。

5月20日　雨

　　晨起做動課，早餐後達齋、逸農、文欽來談。又蘭
兒偕敏孫來晤。又陶益生來報告行程，將赴廈門。何雲

來陳述楊逸才希望，愈使我覺悟逾量之惠不可加也。午後，義舫婿來談，直至茶點後，偕蘭兒、敏孫歸去。傍晚，馮幼偉君來訪，報將赴瀋陽旅行。又同往岳弟宅赴宴，同席者有公權、震修、幼偉、修直、文欽、伯明、仲言、叔雍諸人。散席歸寓已十一時。

5月21日　晴

晨起做動課，早餐後黃仲蘇來談，將赴梅爾缽（濠洲）領事任，溫應星來談中東路及葫蘆島各件措置失當情形，又談現在擔任緝私處經過情形。傍午金問泗陪顧維鈞來，談至午後一時去，歷述其對英、法、美、德等國視察所感（政治之互讓的活用，經濟之連鎖的恢復，資本之集中的步驟）。午後作書寄功范（為津地事）、忍茹、亞農、遠帆諸人，并留函與衷甫及伯樵二人為之介紹。

5月22日　晴

晨起做動課，早餐後達齋來出示沈理源君函電知津屋須月底方能辦妥。文欽來託請結束市分銀行往來帳目。又出外訪林季良君於病院知病勢極重，將施手術，醫戒見客，故僅晤其夫人而出。復至外灘中國銀行，晤陳光甫、張公權、吳震修、馮幼偉、貝淞孫諸人，歸寓午餐。午後，君怡來出示許靜芝函，為商榷黨部控文欽事之善後辦法，予囑其轉呈岳弟市長辦理。晚間炎丈、和姨來談。

5 月 23 日　晴

晨起做動課，早餐後震修來代辦妥抵押事，電約傑才來談。又同至靜安寺路萬國體育會午餐。午後復同至溫泉沐浴，四時半歸寓。暢卿、修直在焉。傍晚散步。

5 月 24 日　晴

晨起做動課，早餐後達齋、文欽先後來訪，山僕王楚白即交達齋帶去，薦入水巡隊充當警士。又徐忍茹、高承元二人先後來晤，各談一小時餘。徐則老，高則躁（有才）。午後亞農由蘇來訪，共茶點。傍晚文欽來，轉述辛揚藻語。晚做動課。

5 月 25 日　晴

晨起做動課，早餐後九時偕炎丈、傑才同至惠中飯店，訪張公權，即邀張偕往江灣察看市中心區域，并在唐家花園稍憩後，即回靜安寺路萬國體育會午餐。是日由予讌客，同座有公權、幼偉、光甫、馥蓀、修直、傑才、炎之、岳軍諸人。午後三時半散（蘭兒在焉），歸寓。四時半，李儀祉君由淮陰來訪，報告勘察淮域及與德顧問等已決定開導計畫等情形。晚餐後，君怡夫婦來談，又義舫婿亦來接蘭兒、敏孫等歸去。

5 月 26 日　晴

晨起做動課，早餐後金純孺來接，同往麥根路44號寓答訪顧少川，談一小時餘。石曾、公權先後到。蓋是午公權借予宅讌，石曾藉圖談敘。午後二時散。四時

許修直君派車來接，至伊宅晤日本代理公使重光葵，因
彼擬回國一行，一再託許君來約求見，故允其在許宅會
晤也。七時頃偕許君同至南陽路赴趙叔雍君之宴會，同
座有公權、幼偉、伯明、岳軍、震修諸人。十時歸寓。

5月27日　晴

　　晨起做動課，早餐後作書寄駐英施植之公使。又達
齋偕逸農來報告市銀行內容及岳軍與通商關係，乃電邀
岳弟來寓午餐，以便轉告。未幾，文欽來出示在藝術大
學所搜獲之共產黨印刷品多種。午後，作書寄乙藜，
內附致介石弟函一件，係辭導淮副委員長職（函稿另
存）。又寄吳承齋復函一件。又鄭性白由莫干山來晤。
傍晚岳軍、修直、傑才、炎之、君怡等均先後來會，并
共晚餐。十時散。

5月28日　晴

　　晨起做動課，又出外散步半小時。早餐後理髮師來
理髮，又達齋、廉白來接洽車運。傍午，志萬、墨正同
來訪談。正午，君怡來共午餐，午後，整理箱件。傍晚
文欽、岳軍、傑才諸人均先後來談。晚間炎丈、和姨來
託山屋事。

5月29日　晴

　　晨起做動課，早餐後九時赴站上車，文欽、君怡、
炎之、達齋、季實、仲完諸人來站送行。車中遇張君靜
江談時局及對我個人之談話。午後二時抵杭，往青甫兄

宅停留一小時。三時起程赴山，五時三刻抵山館，蕭公
安局長、程遠帆君夫婦、管理局毛科長等均至陟屺亭下
面來接，乃下轎同行一小段而別。

5 月 30 日　晴

晨起做動課，又至西鄰代朱、徐兩家察看工程，并
代付工程帳。十時頃，遠帆兄來談。傍午始去。午後肆
三、性白、遠帆等先後來，共茶點後，同往朱光華宅看
屋。

5 月 31 日　陰午後雨

晨起做動課，早餐後作書寄炎之，報告工程并託辦
送貝淞孫夫人奠禮，又作書寄少屏，辛亥滬軍歷史因時
促未及編成歉之。又與李有功同量路，給帳。又作書复
陳藹士、俞詠瞻二人。午後謝分隊長來述軍警相互間隔
閡情形，予勸慰之，得岳弟一電，報告大局形勢。

6月1日　午前雨後晴

晨起做動課，早餐後囑僕燒蒼朮、艾葉，因是日為舊曆端陽，故遵照舊經驗以消毒殺蟲。午後因庖丁外出，屢訓無效，甚為惋惜，乃至蘆花蕩散步一週。傍晚性白來，託往寄一快信復岳弟，并打一賀壽電與仲完。

6月2日　晴

【楊幼京熱血之淚】

晨起做動課，早餐後王有芳來報告山上情形及條陳意見。

午後楊幼京偕沈秘書（簧基之弟）來訪雜談時局。予泛論到美國南北戰爭時，北軍統帥格蘭德將軍與南軍統帥李將軍會晤一段故事。楊幼京君眼中一包熱血之淚，立時澎湧而至。予始測知楊君確為熱血愛國男兒，富於情感。予與楊君相識不久，過從不密，惟在山中以超然無拘執之地位，泛論大局，始能表現彼此純潔之精神，蓋亦至難得者也，談至傍晚始去。

6月3日　晴

晨起做動課，早餐後接李儀祉君由甯來函兩通，一係公函性質，附來導淮計畫報告圖表等共五件；一係私函性質，附來修正導淮委員會組織條例一份，來徵求對修正意見，并勸出山。午後讀海潮音十週紀念特刊數十頁，該刊係佛教居士林出版，予為之題詞曰：「海潮之音，宇宙之聲。萬法唯識，三界唯心。」十六字。傍晚偕妻女在後山散步。晚得岳弟電知，將奉命赴遼，有所

運用云云。

6 月 4 日　雨

晨起做動課，早餐後作書復岳弟。又一函送張雨樵，內附春暉中學章程。又一函復李君儀祉對「修正導淮會組織條例」贊許會內同仁之煞費苦心，並陳述予對修正案之補充意見。午後應肄三君來訪，雜談而去。

6 月 5 日　雨

晨起做動課，早餐後郵局送到導淮會議技術報告兩冊，及德籍顧問工程師方修斯報告一冊并圖表等件。略事翻閱，知該會工務處成績極有可觀，果能戰事早息，按期施工，實為國利民福之唯一建設事業，不知國運其許否乎？午後在後山及朱、徐兩宅勘察工程。傍晚西北風甚烈，值至中夜始輟。又夜間得岳弟歌電，知遼行已奉令從緩矣。

6 月 6 日　晴

晨起做動課，又至蔭山一帶散步，順便在源泰樓上訪晤張雨樵君。歸寓早餐後，復出至上橫215號訪楊幼京君，謂得戰報，似長沙已失守，何芸樵已退守岳州等語，雜談至正午歸寓。午後作書寄亮才、亞農、劍塵三人。又性白來訪，同至後山看新築水池。

6 月 7 日　晴

晨起做動課畢，率真兒出外散步至簡宅參觀地勢，

聞簡玉階君深信風水之說，故填山開山費，此鉅大工程也。歸寓早餐後，得岳弟魚電，知北魯南湘兩路戰情及奉方會議後所決定之態度。午後赴程遠帆君新居參觀（467），雜談鄉間因米貴而所受之影響。傍晚東北風作，忽起雷雨，然不甚大。晚做動課後就寢。

6月8日　晴

晨起做動課，又在後山散步半小時。早餐後張君雨樵及張君雲蓀先後來訪，又同至朱、徐兩宅參觀改造後之形勢而別。午後應肆三君來談，留共茶點。傍晚程遠帆夫婦率其女公子華寶來遊。晚做動課後就寢。

6月9日　晴

晨起做動課，早餐後偕鄭、汪兩司務同至上橫吳宅（號麟書），看黑松九株，內有兩株姿勢尚好，然皆不及503號屋後一株之挺秀。歸寓後，作書寄稼農、性靈二人。午後又作書寄沈立孫君邀伊來山遊覽。又翻閱本年份出版之國際年鑑（日文，由上海本日寄到者）。

6月10日　晴

晨起做動課，又至塔山公園散步。早餐後檢視地圖，知最近戰況，又讀導淮會技術報告數十頁。午後繼續讀該報告一小時。傍晚至後山散步。

6月11日　晴

【李儀祉編導淮會技術報告】

　　晨起做動課，早餐後謝震宇分隊長來辭行，知彼隊
將調防杭州，後來者為第五區隊，該隊共有三分隊，將
悉數開到以擔任本山夏防事務。區隊長姓章云云。又理
髮匠來理髮。午後讀導淮技術報告終，又讀洋顧問方
修斯報告終，知導淮計畫之要領：（一）先排洪除害。
（二）再顧到灌溉航行等等之利便。（三）復謀水電大
業。其第一期工程預計：（1）為期五年。（2）需款
五千萬．

6 月 12 日　雨霧

　　【是日入梅】
　　晨起做動課，早餐後作書寄申報、時事新報兩館，
續訂山上用日報至本年十一月九日止。又函達齋託訂大
陸報及購買英漢模範字典寄山。午後讀書一小時半，至
四時遠帆君夫婦攜其二女公子，又肆三、性白、毛科長
等先後應予函請來寓共茶點，值至傍晚始散。

6 月 13 日　雨

　　晨起做動課，早餐後翻閱滬來日文報紙，知北魯南
湘戰狀，似已日見緊張。又作書復乙藜兄。傍午沈立孫
君由杭來山談，悉時局形勢及浙省局部情形。是日沈君
留寓館中。

6 月 14 日　雨

　　晨起做動課，早餐後立孫弟下山赴吳興、長興一帶
視察，聞係調查某案。又作書復岳弟及朱蘭孫。傍午赴

鐵路飯店王有芳之招讌。午後作書復堯年姪，並寄一書
與袁守和，為紹介北海圖書館與松江韓宅所藏古籍四百
餘種事。又讀書一小時。晚做動課。

6月15日　風晴

晨起做動課，早餐後作書復修直兄及岳弟。又鄭遠
安來商移植黑松事，姚月卿來送吳興糧串事。午後作書
寄青甫、炎之二人，報告彼屋工程情形。又趙縣長才標
來訪，留共茶點，并雜談辛亥革命經過及國民黨歷史，
傍晚別去。

6月16日　陰冷

晨起做動課，早餐後作書復暢卿。

6月17日　晴

晨起做動課，又在園中剪梨樹枝。早餐後作書復彭
凌霄學兄以安慰之。彼年來貧病交作，現方養疴於「杭
州棲霞嶺麓一號」。傍午偕妻女赴鐵路飯店張雲蓀君招
讌，午後二時半歸寓。休息後，讀書一小時。晚做動課
後就寢。

6月18日　陰晴

晨起做動課，早餐後作書寄張雲孫託帶黃油，又讀
書一小時，傍晚雨。

6 月 19 日　雨霧

晨起做動課，早餐後閱滬來日文報紙，知黃石港方面被農民共產軍佔領，幸不久即退，然亦險矣。

6 月 20 日　陰

【是日在後山移栽黑松一株】

晨起做動課，早餐後作書復文欽、純孺、九如、青甫及曹樹銘諸人。又寄達齋、岳軍、暢卿各一函。

6 月 21 日　雨霧

晨起做動課，早餐後作書復亞農、止觀、立孫，又寄震修一函，內附轉石曾信，託催津屋找款事。午後冒雨出散步，途聞明日將有大批蒙藏委員來山遊覽。

6 月 22 日　晴

【是日立夏】

晨起做動課，早餐後翻閱滬來中西各報，知湛侯已辭青島市長，後繼者為胡若愚。蓋中央正盡量拉攏奉方時也。午後張靜江君偕趙縣長來訪，悉李石曾君此次奔走瀋陽之經過：（一）奉方要求維持奉票，需洋五千萬元。奉方自身已備有二千餘萬，約不足半數，要求中央發公債補足之。（二）胡若愚（張學良代表）充青島市長已明令發表。（三）張學良為陸海空軍副司令（補閻錫山之缺矣）將實現等語。又雜談往事，對王正廷主持中東路失當惹起中俄戰爭一節，稚暉、石曾、靜江諸人謂至今猶憤慨，東北亦然云云。傍晚歸去。

6月23日　晴

　　晨起做動課，又至塔山公園遊覽，繞大球場而歸。早餐後讀書一小時半。午後程君遠帆來談敘一小時，留共茶點後，同至陟屺亭散步，并有肄三、性白等同伴。傍晚歸寓，驟然雷雨。晚餐後，翻閱滬報。

6月24日　晴

　　晨起做動課，早餐後讀書二小時。午後至中華圓路及崗頭路一帶散步。

6月25日　陰

【履園談政治經濟】

　　晨起做動課，又至蔭山購一水盆歸。早餐後作書復季實（由文欽轉交），又讀書一小時半。午後作書寄青甫、炎之二君。

　　又遠航來，潘履園君先在座。予與潘君雜談金融經濟等近狀，潘君見地極高，談至時局問題，彼因在奉日久，深知奉方情形，故對於北部狀態之推測，亦有獨到之見。（彼盛稱張作相、袁文鎧二人）晚風雷交作，接岳弟電知濟南於今晨失守，岳將奉命赴遼。

6月26日　晴

　　晨起做動課，早餐後作書復陶益生，又寄靜江一函。午後偕遠帆、性白等赴陟屺亭散步，并在亭晚餐。歸寓知滬甯路招待員周奉武來過，由滬帶到茶葉、牛骨髓等件。

6月27日　晴

　　晨起做動課，早餐後周奉武來，請求為吳興女學校長事，代向陳德徵說話，并謂該校創辦人劉已立女士乃其表姑母等語。予勸其忠心職務，少管外事而去。又作書寄修直、暢卿二君。午後遠帆來茶點。

6月28日　晴

　　晨起做動課，早餐後理髮師來理髮，又出答拜潘履園君。正午在鐵路飯店宴客，在飯店遇傅斯年（魯人，在英倫研究歷史古物多年）、任叔永（川人，在美研究科學）二君雜談半小時而別。歸寓後雷雨大作，傍晚滿天金黃色，在東北、東南各現五彩長虹兩條，遙遙對立而不相聯。老蒼好似在天空中特畫出一幅時局圖也。

6月29日　晴

　　晨起做動課，又至嘉興路散步一週。早餐後作書復亮才，又寄震修一函，託取中行新支票一本。午後雷雨大作，傍晚張君公權由杭到山，來看七十號租屋，并談悉大局及財政情況，晚十時別去。彼次晨亟須下山返滬也。

6月30日　晴

　　晨起做動課，早餐後張雨樵君偕其甥周某來訪，談半小時去。午後程遠帆君夫人送冰其林來，共茶點。晚做動課後就寢。

7月1日　晴

晨起做動課，早餐後自己動身燒白斬雞以諷庖丁。又溫課一小時半，午後天氣較涼，在野外閑坐兩小時。

7月2日　霧

晨起做動課，早餐後翻閱滬來書報約一小時半，又作書寄震修（津屋款已到，請勿再催）。復達齋、修直。另一書寄青甫，託購野朮、白金龍煙。

7月3日　晴

晨間大霧，九時半後陰晴相間。予照常起床後，先做動課，早餐畢，閱滬來書報，得孫慕韓君一函附來呼籲和平通電一份（沁電）。十時半貝淞孫偕其兄貝志翔（予長外部時所放之溫州交涉員）來訪，略談半小時別去。午後讀書一小時，又在後山佈置犬屋、雞棚。

7月4日　晴

晨起做動課，早餐後作書復孫慕韓君，託達齋親往面交。又作書復李儀祉君。

7月5日　陰霧

晨起做動課，早餐後作書復暢卿、尊行二君，又至鐵路飯店答訪貝淞孫（談悉公權與張效坤在奉見面情形）。正午應張雨樵君約，即在該飯店午餐。午後三時歸寓，讀書一小時。（是午在鐵路飯店遇王金鈺

攜眷由杭來，詢之則謂久戰力疲，請假來山，少行休憩云云。）

7月6日　晴

晨起做動課，早餐後讀書一小時。至十一時，青甫兄由杭挈眷到山來避暑，當即往503號相晤談一小時，同至予宅午餐。午後作書寄楊暢卿君，告伊已代租定125號屋，請其來山。傍晚又至青甫兄宅雜談，片刻而歸。

7月7日　陰

晨起做動課，早餐後作書復君怡，為英士紀念塔碑文事。又寄堯年姪一函，附去袁守和君函告以為松江韓宅紹介古籍出售事。

7月8日　晴

晨起做動課，早餐後周湘舲介紹吳樹滋持函來見，為求推薦於文欽，予緩詞卻之。爾後作書復顧逸農、何亞農、喬耀漢諸君。又寄修直、文欽各一函。午後赴503號訪青甫兄，交卸代管各營造帳單，雜談至傍晚歸。晚間氣候涼爽，明月當空，在前廊散步，頗有所思。

7月9日　晴

晨起做動課，早餐後作書復亮才。

7月10日　晴

【真兒九歲時作詩照錄】

晨起做動課，早餐後陳藹士偕其子來訪，談半小時去。又作書復暢卿。又李有功石作來算501號賬。午後室內溫度86度，揮扇習靜而已。傍晚在後山納涼觀月，蓋今日為陰歷六月望日也。命真兒做詩四句錄之，以便長大時對照。詩曰「明月照得滿山亮，照得亮如白晝形。涼風一陣吹送來，吹得樹葉飄飄飄。」

7月11日　晴

晨起做動課，早餐後理髮師來理髮。傍午客來，因是午在宅讌貝淞孫及其父（蘇商會長）、陳藹士及其子（學農）、青甫、履園、遠航諸人。午後三時半散，席間陳藹士君偶爾談至民十六組織江蘇省政府時，介石對於賈果伯加入一層，誤為係予紹介，其可笑亦可惕也。

7月12日　晴

晨起做動課，又至鐵路飯店訪張公權君，在飯店共早餐，談悉最近金融：（一）公債等變遷情形（賀耀祖等前方重要將領竟賣空大做，如何能安人心，可嘆）。（二）又石曾、康侯、琢堂等往前方見蔣情形。八時歸寓休息後，讀書一小時半（途遇潘明新電氣局長）。傍午張公權兄來寓共午餐雜談至四時。茶點後，同出訪青甫兄，至五時公權別去。予便道視察朱宅工程歸寓。傍晚趙局長來訪，送我筍尖兩包。

7 月 13 日　晴

晨起做動課，早餐後出訪張靜江談四十分鐘。又訪王湘汀不遇（彼遊碧塢），留字而出。乃順道至125號勘看代暢卿所租之屋，又至肺病療養院測驗體重為120磅正，歸寓已十時。未幾沈昆三君由滬來訪，告我旅行津、平聞見。（威衛人民怕實行移交；青島人民驚訝日本兵何以不照向例再開來，噫！是日修直適寄一函到，附有湖北石灰窰鎮民對山縣製鐵所長及鳥羽艦員稱頌功德之函稿，合之，一日之中，可羞可憐之事三見，可嘆也。）留共午餐後別去。午後作書復君怡、林理源、姚松仙老伯諸人。傍晚至後山散步。

7 月 14 日　雨霧

晨起做動課，早餐後與予妻閑談，有兩語極可資奉佩：「常中寓不常，非常中要常」。而第一句，尤為上策，惜乎其難能也。第二句予嘗感顏駿人有此秘訣，然為對方識破時反不如予之始終愚誠之為得也。午後讀海潮音雜誌兩小時。

7 月 15 日　陰大風

晨起做動課，早餐後翻閱滬來日報一小時。午後應肆三君來，帶到中華書局出版之史記全部（在滬託君怡向該局預約二十四史一部，此為其第一期預約出書。肆三歸滬，君怡乃託其帶山也），談一小時去。是日午後二時風停，見日光。傍晚長虹當空，正對予前廊，頗為美觀。

7月16日　晴

晨起做動課，早餐後讀書一小時半。王金鈺學兄（號湘汀，粵人）偕其夫人來訪，談悉彼兩年來轉戰京、漢各地之經過。傍午亞農兄率其子女四人，由蘇到山避暑，即在予處午餐。午後亞農赴其賃屋466號佈置，予至傍晚時特赴466號視察其有無缺用之件，并順道一訪遠帆之病，歸寓過青甫兄宅略談半小時。知葉揆初君擬來訪，知予不在而輟。

7月17日　晴

晨起做動課，早餐後作書復三哥對嵩雲姪來函大加指摘（蓋不忍其始終不通也）。又讀書一小時半。午後至青甫兄宅教太極拳，并雜談一小時。又讀海潮音雜誌一小時。傍晚在後山納涼。

7月18日　晴

晨起做動課。午後龔景張君來談彼所經營之浦口溫泉被控經過。又遠帆、亞農先後來訪，雜談山西方面情形，并述閻之秘書長梁巨川之深心及趙次隴之老練，傍晚別去。

7月19日　晴

晨起做動課，早餐後因兩小犬不受羈束，昨夜出柙亂叫，擾亂得徹夜未能睡，乃改羈四望亭樓上，略加鞭責，又讀書一小時。傍午亞農及王湘汀夫婦來先後到，應我之約來共午餐，雜談平漢線戰事經過及彼與何雪

竹、徐源泉間關係，午後四時散。五時半，炎丈、和姨
偕仲完姊等到山，途中遇大雨，遍體淋漓的是苦中有
樂。晚餐後，仲姊寓予宅，炎丈等歸其新屋。

7 月 20 日　晴

晨起做動課，早餐後出訪張靜江主席未遇，謂已乘
轎赴予宅，予亟返，並未來。又作書復亮才、慧僧（附
去善果券，捐洋百元）、周湘齡諸君。午後與青甫、炎
之二家結清代管各帳目。

7 月 21 日　晴

晨起做動課，早餐後張靜江君偕趙局長來談，知浙
江按月匯卅萬接濟軍費。而陳藹士之辭蘇財廳長職，因
接前方電命，令籌第二次之五十萬，無法籌劃而言辭云
云。又囑理髮匠來理髮。午後程遠帆君夫婦來訪，仲完
姊留共茶點而別。

7 月 22 日　晴

晨起做動課，早餐後讀書閱報。午後青甫、炎之來
敘，打麻雀四圈，以消長夏。晚至青甫兄宅晚餐。

7 月 23 日　晴

晨起做動課，早餐後雇轎兩乘，偕予妻出訪王湘汀
夫婦、陳萊卿夫婦後分道，予妻至商務印書館購信紙，
并至蘧廬看公權之女公子等。予訪張靜江主席及葉揆初
君。傍午返寓。午後遠帆來訪。至五時新任杭市長蔡增

基由杭來訪。傍晚別去後，予遂偕眷同至塔山公園，赴
程遠帆君夫婦之約野外晚餐picnic，同遊者徐青甫、朱
炎之、陳藹士、何亞農四家，并仲完、性白及趙局長
等，七時半回家。九時就寢。

7月24日　晴

晨起做動課，早餐後李有功來算籬笆賬，因太亂
開，訓飭之（未給）。又囑蘭僕至蔭山為仲完姊打電及
購聯票。又作書寄湛侯，附去復蔣伯誠君一函，託其加
封妥轉。午後青甫、炎之等來打牌四圈，予輸洋五十
元，共晚餐後散。

7月25日　晴

晨五時起，偕予妻、真兒及仲完姊在後山看日出及
雲海，又做動課。早餐後，仲姊下山返滬，予等送至蘆
花蕩復繞至後山新築水池內濯足。又讀書一小時半。午
後應肆三君來談。傍晚青甫、炎之來談彼屋過戶手續，
留共晚餐。

7月26日　晴

晨起做動課，早餐後作書復蔣伯誠君，附入致湛侯
函內託轉去。午後與炎丈在後山水池濯足，又同至彼寓
茶點雜談滬上零星事件。未幾，青甫兄亦來，是晚在炎
丈宅晚餐，九時歸寓後就寢。

7月27日　晴

　　晨起做動課畢後，至501號送炎丈行，至則彼已出發，乃遊蘆花蕩歸早餐。餐後青甫兄來學太極拳，和姨等來代檢燕窩。又作第三號函復亮才四、五、六號函。午後楊暢卿君由滬到山來，談最近在滬彼所聞見各節，知前方甚為吃緊也。

7月28日　雨霧

【葉揆初談金銀比價問題】

　　晨起做動課。早餐後葉揆初君來訪談金銀比價問題，知銀之下落，實有一種自然的限制，即銀價跌至某程度時，銀礦主必受損失而停開採，於是產額減少而銀價遂不再跌。照世界所有金銀產額比價，似不應跌至六百兩以外，既往數星期之暴跌實有三因：（一）軍火結價；（二）戰事影響輸出斷絕；（三）富者購買金債。并述及中興煤礦與揚子機器公司情形以為例證。傍午別去。午後作書寄達齋、文欽、震修三君。又在花園中作剪枝運動。傍晚李石作來邀同往勘量本年所做各工，計石砌21方，矮墻19丈，路128丈，踏步四個，籬巴126丈，積水池一個，約共900元。

7月29日　雨霧

　　晨起做動課。早餐後假寐一小時，讀書一小時半。午後至青甫宅教太極拳一小時。

7月30日　雨霧

晨起做動課。早餐後作書寄暢卿（附去代租山屋租金收據一紙）、亮才（第四號）二人。午後暢卿、遠帆等來雜談，傍晚散去。

7月31日　雨霧

晨起做動課。早餐後翻閱滬來書報，有韓復榘辭職消息（《大陸報》、路透電），果爾，則時局必將發生變化。又李有功來結清後山工程賬，計本年新添工程約一千零數十元。午後和姨偕安姨、簷舅等來談，簷學蠶桑，知造種事業正在進步中，公私俱獲厚利，共晚餐後而散。

8月1日　雨霧

晨起做動課。早餐後閱《大陸報》知長沙被共黨佔領，殺人近萬，衙署及外人產業均被焚（衙署僅留郵局，外產僅留亞爾病院云云），何芸樵之弟死焉。吾國劫數方興未艾，何南北軍閥之終不悟也，可嘆。又理髮師來理髮，午後作書寄傅屏侯、許修直、葛湛侯（紹介林季良去青養病）三君，又遠帆來互教英文、太極各一課，後青甫亦來加入學太極一課，傍晚始散。

8月2日　晴

晨起做動課。早餐後姚月卿、徐青甫二君來商議徐、朱兩宅過戶手續事。又前北京師範大學代理校長（正校長范靜生）陳裕光（由金陵大學派赴留美，學化學而歸，南京人，商務書館鮑咸昌之婿，郭秉文之連襟也）來訪談文化基金會經過情形而別。午後至源泰、商務書館、都晉生繡織店購件，順道訪龔心銘，復訪楊暢卿君，在楊處遇閻玉階及張某（九江人，金陵大學畢業，現從事飛機事業，宋子文內弟也）。談至傍晚歸寓。

8月3日　晴

晨起做動課。早餐後何亞農兄偕其夫人來訪，傍午王湘汀君帶其子姪四人來訪（兩個燕京學生、兩個南開學生），談半小時，并借去日文佛教書兩冊（《生ノ實現トシテノ佛教》、《宇宙ノ聲トシテノ佛教》）。午後陳達（號自尊，上海法政學院法律系畢業，安吉人，

乃廿七年前予任安吉縣學堂教員時學生，陳築成之子，
潘尊行君之內姪也，本年廿五歲）來訪，談半小時去，
傍晚偕真兒等在後山濯足。

8月4日　晴

　　晨起做動課。早餐後都晉奚學兄之子都錦生來訪，
彼習絲織工業，年來經營工業頗有進步，本年來山設臨
時分號，并送來絲織錦匣壹方，談半小時去。午後遠帆
來告與公路局衝突之經過，雙方皆幼稚，真是為避暑會
外人笑死，而公路局既不能辦聯運，以利居民，復仗勢
以臨居民，實亦不當，可知獨占事業決非美善，獨占而
兼官營，尤不堪問矣。未幾青甫兄亦來，乃共學習太極
拳一小時，傍晚別去。

8月5日　晴

　　晨起做動課。早餐後讀書一小時半，午後出訪亞
農，途遇黃人望（號百新，德清縣長），談省政府近情
極詳，觀於靜江、騮先間之關係，亦能為他人所乘，益
嘆人與人之間相處之難矣。又談彼在德清辦理成人補習
學校之有補於新政推行一節，極可參考。訪亞農，又至
遠帆宅，知彼與公路局之糾紛不但未了，似已另生枝
節，不明大體一至於此，外人譏中國為群愚政治，嗚
呼！虐而中矣。傍晚歸寓。

8月6日　陰

　　晨起做動課。早餐後遠帆夫婦來訪，以昨晚見靜

江談「與公路局糾紛」事相告，結果知內容愈不堪問，
安慰之而去。予妻因接仲完姊函，知志弟全家皆病，
勸予妻下山視病。予妻未能決，乃出商諸和姨，結果
先復一快函，再候消息。正午偕青甫訪遠帆，勸伊正
正堂堂赴杭與公路局談判了結糾紛。午後金問泗由滬
來，以平湖地方勒派認捐建設公債情形相告，懇代陳
張靜江一說帖，予因不便，緩卻之。又趙局長來為其
局員姚某（麗水人，學造林）請求函荐建設廳，謀得
麗水第三造林場場長缺，予允函建設廳秘書主任林可
儀君說項，傍晚別去。

8月7日　陰

晨起做動課。早餐後作書寄王湘汀君，附送去舊著
《中國之將來》、《戰後之世界》各一冊，舊譯《旅順
實戰記》一冊，又作書復亮才。午後讀書兩小時，又和
姨帶西牧、溫克、安石等來遊。

8月8日　陰微霧

晨起做動課。早餐後作書復達齋，并與李有功清工
賬。午後周湘舲君來訪，談半小時去。

8月9日　晴

晨起做動課。早餐後亞農來告，謂將下山返蘇一
行，約三、四日回山，并談及趙炎午在漢為北方擔任工
作云云。午後得君怡來電，謂將於明日來山，逆料內姪
壹志必已不救，將來山消愁悶也，蓋壹志患傷寒已匝月

矣。傍晚青甫兄嫂及和、安二姨等均來晤，含有安慰予
妻之意。

8月10日　晴

　　晨起做動課。早餐後得仲完姊及君怡弟書，均詳報
壹志患病經過。予妻未免為感情所動，悲傷無已，予
力勸之。又作書復都錦生。午後四時君怡內弟偕其夫
人到山，因壹志內姪病故，不免傷感，故形容極為憔
悴。未幾和姨、安姨均來採視，留共晚餐，君怡夫婦
即下榻予處。

8月11日　晴

　　晨起做動課。早餐後理髮師來理髮，又鄭心南君來
訪，以彼家客鄭振鐸與管理局長衝突事見告，囑為調
解。予緩卻之，去後，予作書復文欽、亮才、乙藜、堯
年、仲完諸人。午後陳藹士、陶芳洲、楊暢卿、姚月卿
（帶引地方人員四人同來，內有章姓者為上柏小學捐
款）諸人先後來訪，傍晚客始散。

8月12日　晴

　　晨起做動課。早餐後與君怡雜談。午後吳仲言君偕
郭淑霞來訪，談一小時去。傍晚偕君怡等至後山散步。

8月13日　陰

　　晨起做動課又攜二犬至塔山圓路一週而歸，早餐後
為君怡夫婦說佛以解其煩惱。又青甫兄來學習太極拳半

小時。午後作書復黃仲蘇君，又遠帆夫婦來學太極拳一
小時，是日畢業。傍晚雷雨大作。

8 月 14 日　晴

晨起做動課。早餐後雇轎出訪周湘舲、張星培，均
未遇留片。又訪張靜江、郭淑霞、吳仲言諸人。傍午歸
赴 501 號朱宅午餐，因是日為炎丈生日，和姨請吃麵。
午後亞農由蘇歸山來談，并送我雪茄一盒，彼談山西之
商啟予、南桂馨，河南之劉雪亞，陝西之李虎城，河北
之張溥泉或王湘汀（魯人）甚詳。

8 月 15 日　晴

晨起做動課，又偕君怡夫婦看日出，早餐後與君怡
談佛，彼尚未能有興趣，予力亦尚未足以宏教。午後在
後山水池濯足。

8 月 16 日　晴

晨起做動課。早餐後葉叔衡君由杭來訪，一年未
見，覺其神采奕奕，較昔康健，知彼床上體操之見効
也，談約一小時去。又作書復楊逸才、周亮才、金九
如、楊暢卿諸人。午後青甫來學太極拳，又和姨等帶小
孩來遊，共晚餐後歸去。是日張雨樵君送來摺扇一柄。

8 月 17 日　晴

晨起做動課。早餐後亞農來雜談，又作書復文欽。
十一時偕眷屬親友遊劍池，并至鐵路飯店午餐。午後上

海警備司令熊天翼來訪，彼本日偕宋子文來山訪張靜江
商財政、兵器兩項，到予處談約半小時即別去，下山返
滬。傍晚雷雨大作約一小時。

8月18日　晴

晨起做動課。早餐後作書復炎丈、達齋。午後偕在
山親友廿一人同遊塔山，繞圓路一週後，在塔山晚餐并
賞觀日落。

8月19日　晴

晨起做動課，又偕和姨等看日出。早餐後送和姨
等下山返滬，又亞農來託作書寄黃百新，擬承購466號
屋，即發一掛號信往商。午後青甫來學太極拳，并偕其
夫人、二姊等來遊。

8月20日　晴

晨起做動課。早餐後讀書一小時，午後亞農來談，
又讀書一小時半。傍晚與君怡等打five hundred 以作
消遣。

8月21日　晨霧中晴午後風雨

晨起做動課。早餐後雇轎五乘，偕君怡等出遊銅官
山，一路「無風無雨又無日」，頗覺爽適，沿途經石頤
寺下之神仙樹、下銅官寺、上銅官寺等（看古銅礦、銅
井），及銅官本寺，即在本寺午餐。該寺住持谿然上人
以筍尖湯進，極可口。飯後稍憩，遊六洞橋，經簟頭鎮

至牛頭塢，將近時風雨來襲，值至三鳩塢左近方停，歸家已五時。

8月22日　晴

晨起做動課。早餐後青甫來請君怡夫婦午膳，并邀予及予妻作陪，又姚月卿來談，擬募我三鳩塢之改築道路費，予允量力捐助。正午赴青甫兄宅午餐，午後二時半歸寓。傍晚與君怡等雜談，并打紙牌遊戲，是晚徹夜未能成寐。

8月23日　晴

晨起做動課。早餐後君怡等下山返滬，遠帆夫婦亦來送行。遠帆夫人對予妻愛護君怡之情，嘉許不已。遠帆等到後，予因昨夜未睡頗倦，乃掩戶假寐，仍未能入夢，遂休息半小時即起。午後讀書一小時半，傍晚公權使人來借帆布床，知伊已由滬到山，并謂此行可住三日，約明晨來會晤。

8月24日　晴

晨起做動課畢，張君公權即來訪，留共早餐，雜談財政、金融、公債、時局等等，傍午別去。午後暢卿來談，交次李仲公辭職，伯群邀伊繼任，彼已婉謝等語。傍晚青甫來學太極拳。

8月25日　晴

晨起做動課。早餐後出訪藹士，知已於今晨下山赴

鎮江。又訪王君湘汀，知彼亦得各方催促電，將於日內
下山，并談及關外消息及戰事結束後，對北部處置之意
見。傍午歸寓。午後作書寄文欽、達齋二人，又黃人望
君來談466號屋出賣事，晚飯後沈立孫偕林烈敷二君由
滬來談內政部設專門委員會事，予以何傑才君事託沈，
談至十時半始別去。

8月26日　晴

　　晨起做動課畢，張公權君來共早餐，并談何傑才君
就事問題，公權允為留意。又青甫來商彼屋過戶問題，
不能如願從速解決，擬赴滬與炎之商量改變辦法。午後
沈立孫、林烈敷來雜談，值至晚飯後十時始別去，彼等
擬明晨下山返滬。

8月27日　晴

　　晨起做動課。早餐後作書復何傑才君及朱炎之姻
丈，又讀海潮音雜誌一小時半。午後暢卿、遠帆、青
甫、肆三、性白等來會晤，傍晚先後別去。

8月28日　陰

　　晨起做動課。早餐後鄭木匠來，謂其子在濟投軍，
甚不安心，擬喚回而無法，求予助。予雖愛莫能助，然
深嘆內戰延長，影響於社會各方面之深且大也。又往青
甫兄宅教完太極拳，午後徐季實君由滬到山，以因公與
文欽稍有誤會，已辭去水巡隊長職見告，予勸慰之，談
至傍晚始去，投宿鐵路飯店。

8 月 29 日　雨霧

晨起做動課。早餐後徐季實君來雜談，以帶口信與亞農（為購置山屋事）及震修（為伴坂西中將來山事）事託之，并與之商滬寓添築客廳事。午餐後季實下山返滬，予至青甫兄宅閒談，傍晚歸寓。

8 月 30 日　雨霧

晨起做動課。早餐後作書寄達齋、文欽（為徐季實解說）、季實（為改裝安哥拉火爐事）三人。午後讀書一小時半，又遠帆、暢卿先後來談，暢卿將於明日下山，聞王伯群仍擬邀伊繼李仲公之後擔任交次，暢則尚有顧慮，擬緩詞延宕之。又談悉周佛海歷史，并極稱道邵力子對於黃老學造詣頗深云云。

8 月 31 日　晴

晨起做動課。早餐後因昨夜未能酣睡，靜坐半小時以恢復精神，復讀書一小時半。午後在西園盤桓半小時後，遠帆夫婦來訪共茶點後，同出至蔭山源泰號購買雜物而歸，晚飯後雨霧。

9月1日　雨霧

傍午偕妻赴青甫兄宅宴，午後二時歸寓。

9月2日　陰晴

晨起做動課。早餐後理髮師來理髮，九時震修偕坂西、李十一兩君由滬到山來訪，雜談甚久，留共午餐。午後坂西、李十一兩人下山返滬，震修寓鐵路飯店，客散後，予溫課一小時半（是日李十一來，帶來三井之上海支店長福島喜三次及文化事業之大內暢三兩片候好，予託李君還帶兩片答之）。

9月3日　雨霧

晨起做動課。早餐後季奭寄來滬寓添造客廳圖樣兩張，尚稱合式，又溫課一小時半。傍午赴遠帆君宅午餐，因彼回讌青甫兄，邀予夫婦作陪也。午後二時歸寓。

9月4日　雨霧

晨起做動課。早餐後作書震修著人送鐵路飯店邀伊來敘，因風雨甚大，約午後雨霽來談，予遂讀書一小時。午後三時半雨停，震修來談，託伊帶信與季奭。傍晚別去。

9月5日　陰霧

晨起做動課，又至503號送青甫兄行，彼於八時下山返杭。歸寓早餐後，作書復修直（答協和欲約談，因

一時不返滬，乞代致拳拳等語）。晚間迅雷疾雨勢猛而
時長，值至中夜始息。

9月6日　陰霧

【比國普桑原著，木村善堯譯《涅槃へノ道》】

晨起做動課。早餐後讀完《涅槃へノ道》一書。

【殷亦農與佃信夫之談話】

午後休息一小時後，殷亦農君偕日友佃信夫由滬到
山來訪，談悉日本最近政情及社會經濟狀態，而吉田外
次所談對支懸案解決考案亦頗可資考證，佃君且大唱經
濟同盟，佃君為一「六十五歲」之高齡老者，故漢學造
詣極深，彼談五歲時誕日，見藩士行每年十名之士（サ
ムライ），試驗得列第一，并行禮時須寫一「士」字及
由一至十之一段訓辭（頗合中國小學所謂弟子當洒掃應
對進退），極為有味，可資兒童教育之借鏡，留共晚餐
後別去，臨別送伊拙著兩冊（《中國之將來》、《戰後
之世界》），舊譯一冊（《實戰記》）。

9月7日　陰晴相間略霧

晨起做動課。早餐後作書復湛侯，又託殷亦農帶一
名片與重光代理公使，還致拳拳，殷君於十時來寓共午
餐後，下山返滬。午後在園中作剪枝運動，傍晚何亞農
由滬到山來談此次在南京、上海各地之聞見，內中最關
緊要，有關於次幕時局者，謂閻有密令致傅作義、李生
達二人，謂至必不得已時，可受張學良君之改編以俟機
會等語。

9月8日　晴

晨起做動課。早餐後作書陶益生、周亮才二人。

9月9日　晴

晨起做動課。早餐後亞農來共早餐，未幾張雨樵君亦來談，張君先去，亞農午飯後始別去。予作書寄黃百新（為亞農購屋事）、朱炎之（為慕川太姻丈作故事）、何傑才（附去公權兄函一紙）、楊林（為家中雜事）四人。午後讀書一小時半，又稍稍整理物品。

9月10日　陰間有微雨

晨起做動課。早餐後攜眷下山赴杭，十時到湖濱，青甫兄已備車候，及同往海寗觀潮（因是日為陰歷七月十八日），先在東門外某小店午飯。飯後行至沿塘最後一個觀潮亭觀潮，潮水一時一刻到來，勢尚不甚猛，頗類美國之「拿伊夏辭拉瀑布」，四時歸杭寓新新旅館，五時至香山洞訪彭凌霄君，知彼偕俞詠瞻君赴滬，未遇而返。青甫兄夫婦在寓候，傍晚別去。晚間因旅客西崽等等嘈雜，未能酣睡。

9月11日　陰

【大哥身體雖不如前，然精神尚好，予去伊頗喜慰】

晨起收拾行李。早餐後即算清旅館賬，八時半雇找船至四碼頭，步行至學士路訪湛侯，因彼已往滿蒙隴探桂未遇，乃訪其同寓者陳萊卿君（亦一山居之友），談

少頃。予遂至牛羊司巷探視大哥、三哥，在彼處遇墨正之太夫人，康健如昔，同時予妻亦分頭訪其四母姊。正午各如豫約至清和坊王閏興飯店午餐。陳萊卿夫婦偕其兄陳禮卿君作東，午後二時與陳君等別。上車返山，抵寓已五時。是夜酣睡足十小時，計是晚七時半就寢，值至次晨六時半始醒，蓋亦舟車勞頓之結果也。

9 月 12 日　陰

晨起稍遲，又輟動課一天。早餐時亞農來共早餐，別後讀書一小時半，至球場一帶散步。

9 月 13 日　晴

晨起做動課。早餐後為計仰先學兄之太夫人題〈像贊〉十六字，曰「百年之計，莫如樹人，慈容如在，遺教可循」。

9 月 14 日　晴

晨起做動課。早餐後鄭木作來測丈，討論改造廚房及添造浴室等工事計畫。又亞農、遠帆來雜談，傍午湛侯夫婦由杭到山借寓501 號朱宅，留共午餐後別去休憩。予作書復君怡、純孺二人，又寄一書與季爽，催寄改正圖樣（傍晚趙局長來，與之商定為朱、徐兩宅過戶事）。

9 月 15 日　陰

晨起做動課。早餐後鄭木作送「昨晨交繪之圖樣」

來，尚合用，乃囑開估價單來。又姚月卿來，交與朱、
徐兩宅紅契，託分往武庚、吳興兩縣辦理過戶手續。

9月16日　雨霧

【黃伯樵君談歐美見聞】

晨起做動課。傍晚伯樵、仲完由滬到山，留寓予
宅。晚間伯樵談歐美聞見：（一）煥章在德派有學生
約六十名，管理員為陳佑民（鄂人，即甲子洩漏機密之
秘書），同時中央所派學生亦不少（有蔣所派者，有黨
部所派者），伯樵留德五十日中，中央派學生新到兩
批，大半程度幼稚，竟有不認識歐文字母者，自戰事開
後，兩派學生各吠其吠，在德報紙上大事宣傳，醜態畢
露，馮派學生且冒全體留德生之名，對德政府抗議，謂
售毒氣炸彈於中央，至不人道等語，由此可知國內如不
和同，將來此種學生歸國後互相對壘，流弊之大之久，
不可限量，惜乎當局之不聞不悟也。聞英國、日本兩方
面亦有同等景象。（二）雨岩公使對去年中俄戰事，中
央處置之不當非常憤慨，并拳拳不忘情於我，并列舉辛
亥舊事為證，盼我不過於消極等語。（三）德國此次動
力會議：（1）德人選男女生各四百名，精壯畢常，為
各種演技，暗示各國意頗深遠，聞各級學校非體育及格
不能畢業，而擔任體育訓練之人均為舊德軍隊中之中下
級軍官（此與予辛亥年所擬辦法相同，此辦法在平津車
中曾與岳弟詳談過）；（2）日人參加會議者多至百餘
名，內有半數實係國際暗探，後被德人看破，變更開放
「參觀工廠」計畫，致各國代表盡受影響。（四）意國

街上軍官遊逛者極多，而墻上遍畫莫索利尼之頭，標語亦頗露骨，莫氏又嘗往各地演說，對法國鋒鋩過露，故意、法兩個間暗潮頗烈，以致各用其手腕聯絡鄰近各邦，英、法且均竭力拉攏德國，較之歐戰初了時之德、法關係已如隔世。（五）英、德、美、日諸國概不景氣，失業者之眾為從來所未有，惟法、比及北歐農業諸國則不然，可知工業革命以還，機械日形發達，以致生產過剩，凡輸出國均感受此苦痛，此實廿世紀以後最難解答之難題也。（六）美國內幕亦未可樂觀，酒禁一層可證明人民之漸趨腐化而官吏之朋比為奸，亦已和盤託出犯法者眾，無論何等政府當亦無可如何也。是日談至十時始就寢。

9 月 17 日　雨霧

晨起做動課，早餐後湛侯夫婦下山返杭，予因天雨未及往送。午後伯樵、仲完及妻兒等訪程遠帆君夫婦，傍晚歸。

9 月 18 日　晴

晨起做動課。早餐後遠帆夫婦來答訪，伯樵夫婦在園內遊覽一周後，同至蔭山散步，予在源泰略購零件，并在磅秤上測得體重為119磅，較上次已輕減一磅，因近日睡眠不酣故也。又順道偕予妻往70號視公權兄之二位公子，正由先生督促學習數學。傍午歸寓，伯樵、遠帆兩家均在予處共午餐，午後讀書一小時。

9月19日　晴

晨起做動課，偕伯樵夫婦同至遠帆家午餐（遠帆讌伯樵，邀予等作陪）。午後二時半歸寓，午後在園內剪枝運動。

9月20日　晴

晨起做動課。早餐後詠瞻、凌霄二學兄在杭來訪，談贛西屢遭共產黨之患，社會實已根本動搖，雜談至十一時頃，馬伯援君由日本歸國，到山來訪，詠、凌二君辭去。予與馬君雜談，無意中得聞去歲接收膠濟時故事，遺害大局實非淺鮮。馬君談至下午後二時別去下山，又伯樵夫婦亦於午後一時半下山返滬，連日客多，酬應頗勞，乃小憩一小時。傍晚駐山韋分隊長偕長途電話局黃某來訪，談半小時去。

9月21日　晴

晨起做動課。早餐後詠瞻、凌霄二學兄來訪，託伊順便帶一復函與協和學兄，詠、凌二兄在予處便飯後，於下午一時下山返杭，午後日光浴一小時。

9月22日　風霧天色晦

晨起做動課。午後作書復徐青甫（附萊卿一函）、黃百新、周蔭棠、金純孺（託代送顧少川家輓帳）四君。又讀《海潮音》雜誌數十頁，內有「多神教適於酋長政治，一神教適於君主政治，無神教之佛教適於民治」等語，吾亦謂然，中國紛擾廿年迄今不定，即此故

歟（民治而無真實之佛教培養）。

9 月 23 日　晴

晨起做動課，又至蔭山岡頭一帶散步一小時。早餐後張雨樵、吳蘊齋諸人先後來訪，午後日光浴一小時，又在園中剪枝。傍晚至塔山圓路散步一週。

9 月 24 日　陰

晨起做動課。早餐後寄快信與楊林，又韋分隊長（以翔，東陽人）來訪。

9 月 25 日　陰晨微雨九時後晴

晨起做動課。早餐後作書復陳陶遺（為介蕃之伯父，七旬壽徵文啟具名）、周亮才、黃在中、楊林四人。

9 月 26 日　陰

晨起做動課。早餐後作書寄青甫，報告過戶手續進行程序。

9 月 27 日　晴

晨起做動課。早餐後許修直君由滬到山來訪，談最近上海各方聞見，相與太息。修直此來，係伴日人林出（日本代理公使重光葵之秘書，此次林出係代表重光葵專致敬意而來）同來，林出尚在鐵路飯店等候，予與修直商定午後約見。午餐後日光浴一小時，至二時半飭

僕持片至鐵路飯店請林出來談，三時一刻到，雜談至四時，同遊塔山公園，即在該處茶點並攝影，傍晚歸寓，林出與修直乃告辭別去，予亦循例託修直持一片，四致敬意於重光。

9月28日　雨霧

晨起做動課。早餐後理髮師來理髮既畢，又作書復喬國章、周亮才二人。午後修直偕林出又來訪，林出送我觀音佛影像一張，此像原係北京某寺所供奉，庚子之役為日使館參贊某所得，參贊適病供佛而愈，於是信仰益堅，迨之歸日，在日本各地巡遊，欲為建寺而未得適當地點，後至朝鮮鎮海灣地方，背山面海，卜之極吉，乃商請該灣鎮守海軍司令撥地若干為之建寺，規模頗宏，迄今香火極盛云，林出能精神治療，為我治胃疾一次，治時彼以手按我胃部，感覺熱氣深入，同時腹內氣體確能上下併出四、五次，亦一不可思議之奇術，治畢，彼復以術傳我，據說三、四星期即可成就，擬姑試之。傍晚別去。

9月29日　雨霧

【壬午日陰歷八月八，第一次練習精神治療術】

晨起做動課。早餐後第一次練習精神治療術。午後趙局長來辭行，因彼將於下月一日交卸，赴美習農。

9月30日　雨霧

晨起做動課。早餐後得李石曾兄來電，促提前下

山，復電允之，但未定日期。又作書復蘇紹文（學生
軍學生，砲兵）、陳達（安吉縣學堂學生，陳竺塵之
子，法政）二人，并為陳竺塵行略題辭曰：「天不憖
遺，善人其杳，有子賢達，詩書克紹」十六字。午後
練習治療術十五分鐘，又搬移臥房至樓上東南房，并
略略清理物件。

10月1日　東北風甚勁雨停霧漸開

晨起做動課，早餐後與予妻商因石曾兄昨晚又來電促歸滬，乃決定五日下山。一面電告石曾，一面通知君怡等至期，飭車到站接，又練習治療術十五分鐘。午後日光浴半小時，傍晚肆三、性白來談，知本山管理局新局長戴時熙已接任，舊有職員除朱騮先之姪外，概行解職，故肆三、性白亦將下山。公務員保障條例等於虛設，可嘆也。傍晚志萬、墨正二君，并墨正夫人同由杭來山，談一小時別去，彼等寓鐵路飯店。

10月2日　晴

晨起做動課。早餐後叫王有禮來囑咐一切（園中室內諸事）。志萬、墨正及其夫人來寓雜談，并共午餐。午後一時志萬等告辭返杭，二時性白來，囑往購聯票，豫備五日返滬。

10月3日　晴大風

晨起做動課。早餐後作書寄公權（為程藝員艷秋事）、青甫（約五日在杭站見面）。午後偕性白訪程遠帆、張雨樵兩君，途遇張公安局長及韋分隊長，偕遊球場一帶，歸途至蘆花蕩遇毛科長，同至寓茶點後別去。傍晚王有芳來送節禮（雞兩隻、雞蛋糕一塊）。又姚月卿來，知徐、朱兩宅武康新契已辦妥，吳興新契亦將於十二日可往取，并與之結清賬目，姚君新遭父喪，予送奠禮廿元。

10 月 4 日　晴

晨起做動課。早餐後作書復孟和（為嚴慈約充任河北省委員事）、伯誠二君。又至後山打靶一次，并整理行件。午後繼續收拾物品，并囑咐王有禮關於明春栽花計畫。

10 月 5 日　晴

【是日返滬】

晨五時起床，六時男女下人先動身下山，六時一刻程遠帆、張雨樵諸君先後到來送行。六時半起程，軍警依舊要送，真是煞風景。九時一刻抵杭站，青甫兄來晤，交與「彼託辦之新契據」，又在站遇閻鴻飛（幼甫，湘人，留德陸軍，在敬輿處曾見過數次），知彼現在杭擔任省會公安局長。九時五十分開車，至嘉興站時，廉白由滬來接，在松江站又遇續之。下午二時抵北站，文欽、達齋、君怡、伯樵均來接，即乘車返寓。文欽告知東北實情及滬地警備情形，晚間君怡夫婦送菜來共晚餐，八時半別乃即就寢。

10 月 6 日　晴

晨起做動課。早餐後李石曾兄來談，彼對時局深以第一步雖已收效，苟第二步不慎措置，將來必有「早知今日，何必當初」之悔，予深然之，談約一小時半別去，并約次晨再來，又傑才、修直二人亦先後來訪。傍午達齋來，代表市府要求出席雙十節檢閱典禮，予婉卻之。午後炎丈、和姨等來，交與山屋新契（彼託代辦過

戶者）。又公權兄送來財政部派何傑才為財政整理委員會專門委員令狀一紙，予即電召傑才來面交之，并告以虛心誠實，堅毅以從事。

10月7日　晴

晨起做動課。早餐後李石曾兄到，乃繼續昨晨所談各節，復為具體之討論結果，予允待介石返甯後，可赴甯往視一次，石曾并同意予所提數點：（一）介石兼全國剿匪總司令、漢卿副之（欲移其精神，變換方向，引導至有用之地也）；（二）黨部按照民十六予所提縱面、橫面兩層改組法，切實斷然改組；（三）為中央與地方之切實合作起見，予擬以民十三，予攝政時之參政院辦法供獻之；（四）為政府與人民之切實諒解起見，予以為可利用「最高經濟會議」機關解決之，果如是則軍、政、黨三者均有相當之改良辦法，或可漸引政治入軌而保持較長歲月之和平，石曾八時來談至十一時半始去（嚴慈約事，石曾允電胡若愚轉達漢卿）。十二時公權、震修二兄同來，留共午餐，公權所談關於財政方面消息居多，談至午後二時半別去，約次日正午再來予處，與石曾共商。公權等去後，予與義舫婿、蘭兒等雜談，諸外甥孫女亦來共茶點後別去，是日堯年姪亦來訪，予因有客未及晤談，由予妻接待之。

10月8日　晴

晨起做動課。早餐後楊公苔君來，攜羅瘦公藏畫，囑轉與程玉霜一閱。傍午李石曾、張公權二君先後到，

共午餐，并商決由予起草對時局改良黨、政、軍三項辦法，又決議由公權擔任調查內戰間接損失，由予擔任轉託湛侯調查直接損失，擬編一冊「內戰之所得」廣為分送，為大大的和平運動，期以半年內完成。午後程玉霜來訪，乃出示羅癭公藏畫，彼無所表示，略為寒喧而去。傍晚修直來談，晚飯後文欽、君怡先後來談，十時就寢（託文欽辦輓對，弔譚組庵）。

10 月 9 日　晴

晨起做勳課。早餐後達齋來接洽雜務（電話合同、取款、望季爽病、新工程等等）。午後暢卿來談戰爭期中，介石與何敬之間一段經過，知患難相共一語之不易言也。傍晚傑才來告已晤子文，并晤曾雲浦君（彼赴財整會到差），然仍露不愉快之色，少年不知處世之難，可嘆。晚間君怡來告乙藜之太夫人作故，乙藜已由甯到滬。

10 月 10 日　晴

【雙十節起〈善後意見書〉草】

晨起做勳課。早餐後對時局善後意見，分黨、政、軍三項起草一篇約二千字，將送介石供其參考。本日適為雙十節，連戰十九年不知是否一轉機（原稿另存）。午後赴乙藜宅弔慰，歸寓後，石曾來訪，知彼將於夜車赴甯晤介石，并約予同行。予因他種關係求得石曾諒解，暫不赴甯，乃交午前所草「意見書」託石曾到甯轉達。又馮幼偉君來訪，知彼將有平津及遼甯之遊。晚間

文欽來報告市政府本晨閱兵式及招待外賓各情形，頗為
完善（是日鹿君由津到滬，知與仲勛姻丈同來）。

10月11日　晴

晨起做動課。早餐後仰先、純孺先後來談，又電託
修直約期與協和相會。午後仲勛來談，悉津關糾紛之經
過。暢卿來談將於本晚赴京晤介石，修直來告已與協和
約定次日午後會晤。又乙藜夫人帶其子致中，岳軍夫人
帶其子女亞蘭、熙麟等來訪。

10月12日　晴

晨起做動課。早餐後君怡來循俗禮，因是日為陰歷
八月廿一日，君怡卅初度之辰故也。傍午赴伯樵、遠帆
二宅訪問一度，即至君怡宅午餐，午後三時歸寓。三時
半修直來接同往馬斯南路125號訪李協和君，彼手持佛
珠、頭冠僧帽，雜談約一小時。傍晚又至君怡宅晚餐，
係汪翊唐君備菜，談至九時半歸寓就寢（是日石曾兄由
甯來電，謂介石有電約我赴甯，予復以尚未接到介電，
俟到當往一慰視之）。

10月13日　晴

晨起做動課。早餐後辰姪偕嘯遠哥來訪，嘯哥今
年已七十六，仍健步、健飯，頗難得也。談一時許，
達齋、立孫、傑才、湛侯諸人先後來訪，湛侯并留共
午餐。午後日本外交次長永井柳太郎偕其公使館參贊
林出賢次郎來訪，永井氏為早稻田大學國際法教授，

兩次為幣原外相之次長，人尚純正，談約兩小時別去。又李協和君來商「國民會議促進會」事，予力勸其勿辦。傍晚公權來告，將於本日夜車偕子文、琢堂等入京晤蔣云云。

10 月 14 日　晴

　　晨起做動課。早餐後計仰先君夫婦來訪，又作書復厚生及喬耀漢二人，又殷亦農君來談，吳昆吾、葛仲勛、徐鹿君諸人亦先後來訪。傍午伯樵送Protos Cleaner（吸灰器）來，併教授用法，極為簡單（計洋百元）。午後周亮才君來告岳軍已由瀋陽歸來，平安抵寓。傍晚岳軍來電話，約次日來談。

10 月 15 日　晴

　　晨起做動課。早餐後王石蓀來，未見。暢卿由瀋歸來，告漢民對介石江電主張（即開國民會議、製訂約法及縮短訓政時期），認為軍事勝利，政治屈降，有以去就爭之態度，并涉及對陳果夫弟兄不滿之一段故事。未幾，岳弟夫婦偕蘭兒同來，岳弟詳告在瀋陽三個月之經過，張漢卿似尚有決斷力、識別力者。午後陳劍塵、蔡增基、趙叔雍諸人先後來談各方情形（陳隨岳弟由瀋陽歸，蔡由杭來，趙由北平養病歸）。晚間岳弟又來談，知將於本晚赴瀋，予告以對時局意見，并告以與石曾、公權等會談數次之經過，又文欽、君怡來訪，九時半別去。

10月16日　晴

晨起做動課。早餐後李有功泥作由莫干山來，又許修直君來談，謂日本代使重光葵欲來見唐少川先生，亦約期會晤，予均允之。午後暢卿、亞農、聖禪等均先後來訪。傍晚公權來，告我赴甯與介石會晤商量今後六個月內財政問題，計欠餉三千萬、剿匪三千萬、經常費一萬二千萬（按月二千萬）、對遼甯已允未付之四千萬（公債票），共需二萬二千萬，如此鉅款，真是不易也。

10月17日　晴

晨起做動課。早餐後蘭兒偕第三外孫女來，又修直偕重光代使來訪，談約一小時別去。午後文欽派車來接至民國路華僑浴堂沐浴，傍晚歸，即託文欽車送蘭兒歸。晚餐後炎丈、和姨來打麻雀四圈，予負165元，九時半就寢。

10月18日　晴

晨起做動課。早餐後達齋、逸農、烈敷、鑄夫等先後來訪，烈敷新遊黃山歸，出示各種照片，黃山之松名不虛傳，可愛也。午後讀書一小時，又君怡來接，同至民國路視察英士紀念塔，登七層樓可以瞭望全滬，惟地位太窄，故樓梯峻，上下頗不便耳。晚間十一時頃，雷雨大作。

10 月 19 日　晴

　　晨起做動課。早餐後君怡來接，同至江灣小觀園看花，係商務印書館楊姓（名守仁）者所主持，規模尚在草創時，並不完備，參觀畢，至唐寶書君花園午餐（是日市府同人公讌伯樵，予亦加入主人之列，因伯樵遊德方歸故也）。午後順道在四川路看木器，歸寓後李石曾君由甯歸來訪，談悉赴甯經過，並有勸予繼子文擔任財政之意，予以絕對堅決之態度拒絕之。晚間赴趙叔雍君宅晚餐，同席除熟人外，有奉天海城人丁貴堂號榮階者在座，丁為海關人員，據說華人中有稅務司資格者僅此一人云。

10 月 20 日　晴

　　晨起做動課。早餐後子青姪由杭來，交與青甫兄託辦之山屋在吳興縣界內之新契據兩件，囑其掛號寄杭。傍午岳軍來共午餐，出訪熊天翼君，因彼新喪偶，特往慰問，與之談佛理一小時，熊天資頗高，謂白刃可踏，中庸不可能二語，頗獲我心，又謂敬勝怠則吉，怠勝敬則凶，亦可以資警戒。

10 月 21 日　晴

　　晨起做動課。早餐後林季良來談彼辦理郵政之經過，彼大病初愈，談到傷心事，不覺虛火上升，予力慰之而去。又電邀何傑才君來，同出看傢俱（為新客廳用者），遍覺無適當者，乃歸寓午餐。午餐三時傑才又來，再出訪覓，至四川路餘昌木號（唐先生經理），始

得一套「價廉而物尚可用」。傍晚歸，修直在焉，雜談
片時而別。

10月22日　晴傍午雨

晨起做動課。早餐後文欽來告謂已發表請徐季甗復
長水巡隊事，又周雍能（靜齋，贛人）君來訪，談一小
時半。傍午至汪翊唐君宅午餐（伯樵讌請伯誠）。午後
讀書兩小時，傍晚至萬國體育會讌客，共請34人，主
客為李石曾、蔣伯誠、張岳軍、張公權、程玉霜、王少
樓諸人（讌費二百元）。讌畢至大舞台觀劇，是日玉霜
演「青霜劍」，滿座為之流淚不止，唱做俱佳，一技之
成真是不易，中國數千年禮教，不知犧牲多少先民，始
得留此「忠孝節義」數字於人間，可寶也。

10月23日　陰

晨起做動課。早餐後得廉白電話，知介石弟已到
滬，又雲浦來訪談外債整理問題。傍午程蓮士來訪，彼
現棄官言商，擔任南京大陸銀行行長。午後岳軍來電，
知介石約我於明晨午前十一時半到西摩路相見，又叔雍
來訪，出示曉垣手書。傍晚至圓明園路慎昌洋行購買電
燈三只而歸，計銀行九七、七五兩。

10月24日　陰

晨起做動課。早餐後李石曾兄來訪，知已晤介石，
談到黨務及財政問題，并謂稚暉先生及公權等，均盼我
加入國民政府充當委員等語。十一時照約往晤介石，來

客眾多，未能盡言，一時半歸寓午餐，午後讀書。

10 月 25 日　晴

　　晨起做動課。早餐後赴王松山處推拿，又至鑄夫宅回拜。午後整理什物。

10 月 26 日　陰

　　晨起做動課。早餐後墨正、修直、伯群、鎔西、青甫先後來訪。午後偕傑才往看拍賣，又季爽、暢卿來談，傍晚炎丈偕和姨來共晚餐。

10 月 27 日　陰

　　晨起做動課。早餐後李石曾君來談，約一小時別去，予又至王松山處推拿，順道至永安購康克令筆一枝。午後偕仲完姊等又往看拍賣（昨日已去看過），結果選定數種，仍託傑才代為辦理。傍晚赴世界學院李石曾兄宅晚餐，為「中華戲劇音樂學會」之介紹，同晚張嘯林、杜月笙二人亦有請柬到來，予因與彼等素少往還，故在石曾處借用電話電辭未去，九時歸寓。

10 月 28 日　陰

　　晨起做動課。早餐後志萬、遠帆及李孟博來訪，又赴王松山處推拿，遇林季良君，推拿畢歸寓，修直兄如約來晤，乃託伊代訪李協和，表示歉意及謝意。十一時岳軍、石曾二人先後到來，借予寓談四次全會提案問題，并共午餐。午後一時半客散，三時傑才來報告拍賣

未成情形。

10月29日　雨

　　晨起做動課。早餐後至王松山處推拿，又購買零物而歸。午後陳昌唐先生來選定材料，命改造民九由德購歸之椅五件。傍晚君怡、炎之等均偕眷來共晚餐，餐後九時散就寢。

10月30日　晴

　　晨起做動課。早餐後理髮師來理髮，理畢又至王松山處推拿。午後仲勛來談，又伯樵來教我電燈保險箱內之組織，蓋此亦為廿世紀都會市民必需之知識也。傍晚赴楊公兆君宅晚餐，與其父皙子，又大談其佛學。晚九時半歸寓。

10月31日　晴晚雨

　　晨起做動課。早餐後達齋、仰先來談，又至王松山處推拿，歸寓後作書寄沈理源君（附去津英租界臨時地契一紙，雙掛號寄出）。午後讀書一小時，傍晚赴孔庸之宅應酬十五分鐘（伊招讌），又赴汪翊唐宅晚餐，十時歸寓。

11月1日　晴

晨起做動課。早餐後遠帆夫婦來訪，遠帆精神仍恍惚，徬徨於歧路中，然真是愛莫能助。又至王松山處推拿，并至北四川路仁濟藥房（日商）購買大蒜精五瓶而歸。午後整理書籍并作復書寄陳任先。

11月2日　晴

晨起做動課。早餐後至王松山處推拿，歸寓後得介石來電（明日英士先生紀念塔荅成），囑代致詞。午後即起草三小時（稿另存）。傍晚修直、亞農來談，又伯樵、君怡、炎丈等均來共晚餐。

11月3日　晴

晨起做動課。早餐後起一電稿，豫備本日禮成後交岳軍代發，復介弟。九時四十分赴民國路紀念塔下之禮堂，代介弟致詞，禮畢歸寓午餐。午後殷鑄夫、吳承齋二人先後來訪。

11月4日　晴

晨起做動課。早餐後至王松山處推拿，又李石曾君來訪，要求草一論文，預擬在雙十一節作和平鼓吹。午後蘭兒來電話，謂飲食時不慎，誤將所鑲金牙吞下，予往視之，醫生謂多吃番茄，當可由大便出，予安慰之。又至大馬路購雜件而歸，傍晚至東亞酒樓赴蔣伯誠君招宴。

11月5日　晴

晨起做動課。早餐後至王松山處推拿，又至蘭兒處詢問金牙有否便出，知醫生謂絕對無危險，如待三日後不出，可照X光線先定其位置，然後再研究辦法，蘭兒知無危險亦尚安定。午後予妻又往視蘭兒。予在宅見客，有北大學生康選宜（四川人）來訪（康研究政治，能英文）。傍晚伯樵夫婦來共晚餐。

11月6日　陰微雨

晨起做動課。早餐後至萬國體育會看雙杠做法（因予擬在後園中做一雙杠，藉資運動）。又順道答拜王石蓀，彼正溫舊書兼習篆、隸，傍午歸寓。午後鑄甫夫人來訪。

11月7日　陰雨

晨起做動課。早餐後孔廉白來談李垣南來意見，謂可溝通奉天之老派，予告以「與其首領合作而溝通其部下，犯政治之大忌，須慎重」等語。又蘭兒來出示「日前吞下之金牙」，從便中出已稍變原形，而尖角尚銳，真是不幸中之大幸。午後著手草〈祈禱和平〉文稿，晚間至市政府公餘社晚餐。

11月8日　雨

晨起做動課。早餐後草〈祈禱和平〉文稿過半，中午至範園內鄭毓秀女士宅中餐，是日鄭女士讌請法國新使韋爾頓，邀予夫婦作陪。午後三時歸，季良來訪。傍

晚史量才君派車來接至其哈同路九號公館內晚餐，飯前看舞劍及琴瑟合奏等古樂，史君好借此二者以修養身心，頗有興趣者也。晚間公權請在大舞台看程艷秋君演「柳迎春」一劇，同座有李石曾，歸寓已午夜一時。

11 月 9 日　陰

晨起做動課。早餐後草〈祈禱和平〉文稿完成，豫備明日發登上海各報（原稿另存）。午後修直來述日代使重光求見，予允往拜，又顧少川夫婦來酬應，傍晚君怡、炎之兩對夫婦均來共晚餐。

11 月 10 日　晴

【是日，《申》、《新聞》、《時》、《民國》、《時事》各報均登載〈祈禱和平〉一文，共約卅五萬份】

晨起做動課。早餐後作書寄石醉六、何亞農、孫倚芬三人，又族兄五雲偕眷屬來訪（內有姪婿程勁，號星恒，嘉善人，前清文案，民國縣長，與鈕惕生有關，又姪熙萃，號書石，涵伯兄之子）。午後三時訪重光于其寓邸，又劍塵買紙來，知伊明晨車須赴甯，託伊帶致乙藜一函（為介紹程蓮士君見蔣事）。

11 月 11 日　晴

【萱野長知之所為】

晨起做動課。早餐後震修兄來雜談一小時別去。又接石曾函，知介石曾囑陳布雷代傳電話約我往晤，被希曾忘卻遺誤。午後義舫婿由日本歸來，述及萱野長知正

在草《中國革命史》（內容公私兩面均有記錄，恐不免帶有日人作用），又擬辦一革命先烈遺孤教養院，先烈是否有遺孤待日人教養，而彼所招致之遺孤是否確係先烈所遺，均屬疑問，或者日人傳統的方法將以造成另一途徑之革命份子乎，可畏孰甚。

【日人之中國生產消費觀】

又聞日本某教育家對義婿言，謂「貴國以最舊之方法生產，以最新之方法銷費，日本則不然，以最新之方法生產，以最舊之方法消費」，嗚呼！慨乎言之，吾國人可以借鑑矣。晚至叔雍宅赴讌，與史量才君雜談頗久，十時歸寓。

11月12日　晴

晨起做動課。早餐後君怡來約赴浦東觀菊，未去。又遠帆為其弟程志頤來求介紹函，擬赴覲見岳軍，與之。又偕伯樵、炎之諸君同至新北門內陸永春園看定牡丹四顆，茶花一顆，天津大白兩顆，擬植之於後園。順道至覺林蔬食處午餐，午後劉崇傑（閩人，號子楷，駐西班牙公使，係汪伯老舊知，舊為進步黨，頗有頭腦）來訪，談約一小時別去。是日炎丈、和姨在予處共晚餐。

11月13日　晴

晨起做動課。早餐後作書復李儀祉、黃文叔、徐子青、張雨樵、殷公武、邱仰山諸人。午後作書寄介石（乙藜轉交）、蓮士、耀漢諸人。

11 月 14 日　晴

晨起做動課。早餐後理髮師來理髮，又託達齋代發一電致介石、石曾，謝其電邀往寗觀劇。正午汪翊唐、黃伯樵、沈君怡、朱炎之諸君各夫婦來共午餐。黃夫人仲完燒菜飯，汪翊唐做牛肉鍋。午後翊唐與我談震修兄內情，知其經濟、家庭兩極苦痛，如有機緣，予誼不容辭，應設法援助之。又陸永春花園來種茶花、牡丹、大白於後園。傍晚偕予妻赴Cathay Hotel 答拜顧少川夫婦，未遇留片而歸。又乙藜由寗來，謂奉介石弟命來商乙藜出長清華學校事，予勸其應先到北洋調查內容後再定，不可草率。晚乙藜寓於宅。

11 月 15 日　晴

晨起做動課。早餐後與乙藜雜談英庚款、導淮及編輯局等各意見。正午至極司非而路94 號中國銀行俱樂部午餐，同座有胡適之、唐有壬、張公權諸人，午後三時歸寓，傍晚伯樵、君怡等來雜談。

11 月 16 日　晴

晨起做動課。早餐後乙藜赴車站返寗，又康選宜君來訪，又電邀震修兄來寓安慰之，彼近精神上受打擊，頗感苦痛也。傍午馬君武兄來談兩事：（一）黨部與中國公學問題；（二）黃紹雄在桂經過實情，予允為之相機轉達當局。午後偕妻兒出散步，步行約十里。

11 月 17 日　晴

晨起做動課。早餐後作書復徐叔謨、沈立蓀、沈阜生、于子昂、唐寶書、沈理源諸人，又毛采章君（莫干山管理局科長）來訪。午後在後園擲試籃球。

11 月 18 日　晴

晨起做動課。早餐後徐季奭君偕褚掄記來算賬，並給價三千四百兩作兩訖。又達齋來訪，託代送聖禪喜帳。午後專人送沈崐三君一函，附去〈祈禱和平〉文英譯稿兩份。傍晚君怡、伯樵兩夫婦來共晚餐，談至十時散去。

11 月 19 日　晴

晨起做動課，早餐後文欽、達齋來談。九時于子昂君來訪，傍午康選宜君送來花木廿五種。午後在後園手植紅梅一顆，予妻植綠梅一顆，餘花督工匠分別種植。傍晚伯樵夫婦來共晚餐。

11 月 20 日　晴

晨起做動課，早餐後葛夢漁君來辭行，將返青島農林事務所任。午後在後園擲籃球，又出至霞飛路一帶散步。

11 月 21 日　晴

晨起做動課。早餐後君怡來交與陳雪軒君太夫人82大慶徵文啟一份，囑其轉託文欽代辦。又遠帆由甯

歸來，述聞見所及。又作書復曉圓（為煥章出國事）、
五雲、佛蘇三人。午後出散步一小時歸寓，後季爽、修
直、伯樵諸人先後來談。晚間因夜食過多，未能酣睡，
夢介石、敬輿諸友時繞予側，不知何故。

11 月 22 日　晴

晨起做動課。早餐後又得佛蘇函，力勸予辦報。又
季爽來督工匠修理汽管。傍午偕予妻至外灘沙遜飯店
Cathay Hotel 赴顧少川夫婦招宴，同座有美公使詹森及
土代辦夫婦，午後四時歸寓。

11 月 23 日　晴

晨起做動課。早餐後程蓮士、喬耀漢先後由甯來訪
（康選宜君，因另見客未遇之）。又沈立孫君亦由甯
來。傍午偕予妻赴游伯麓君宅午餐。午後在宅見客，袞
甫介紹其妹婿何元瀚（舊交通部電政司科長，號仲圻）
來見。岳軍由甯歸談蔣、張在甯會晤情形。又青甫偕其
子子青及姪（聖褝之子）來訪。傍晚至炎丈宅晚餐，因
是日為和姨生日也，晚十時歸寓。

11 月 24 日　晴

晨起做動課。早餐後整理舊賬目，又辰姪來略談即
去。傍午青甫兄嫂、子青姪及姪媳、炎丈夫婦、仲勛姻
丈等到共午餐。午後又電邀達齋夫人來陪青甫嫂等雀
遊，是日親友盤桓半日，值至晚餐後始散。

11月25日　晴

晨起做動課。早餐後胡政之君來談（由天津來）。午後暢卿來告在睿見蔣時，慨嘆之談。晚至李馥蓀宅晚餐，同座有顧少川夫婦，唐少川夫人及孫章甫、吳孟嘉、曾雲浦、夏小舫、盧劍泉、周作民諸人，是日李馥蓀與錢新之、吳蘊齋同具名請讌，晚九時歸。

11月26日　晴

晨起做動課。早餐後文欽偕其兄文白來談，文白新著《救世新教教義淺釋》一書來求序，予因其內容主張神人相接，與予所信之無神論相抵觸，故婉辭卻之。又沈立蓀來求片介紹往見石曾。又金生國珍由鄂來，將赴日留學，予勸勉之。午後修直來談招商局事，并述震修對此事之意見。蓋彼等能見其近，未見其遠，能知其細目，未得其綱要也。晚君怡、伯樵等來共晚餐。

11月27日　晴

晨起做動課。早餐後電邀文欽來託辦調換公債事。又接孟生憲章函，寄來《煥章日記》一冊，當即復之，并作書復關性靈、毛采章諸人。午後伯樵來，出示彼「增進工作效能」計畫，頗覺精詳。晚至伯樵宅便餐。

11月28日　晴

晨起做動課。早餐後達齋來，知青甫已返杭。又炎丈來託往法工部局接洽後面馬路汽車房口移植道旁樹事。又作書寄青甫（改請墨正兄帶杭），內附去致大、

三哥函一件，并帶去絲棉襖褲一套（蘭兒做與大哥用者）、白木耳參兩。又墨正、亞農先後來談。午後偕暢卿往溫泉浴室沐浴，晚七時歸寓。

11 月 29 日　陰

晨起做動課。早餐後閱書一小時半，又在後園剪菊。正午炎之、伯樵等來共午餐。午後石醉六學兄由甯來訪，彼研究哲學已十餘載，極有心得，談至傍晚始別去。老友多年不見，遠道來晤，真是人生快樂事。

11 月 30 日　雨

晨起做動課。早餐後文欽來告蔣已抵滬，又康選宜、金國珍、孫庚三、陳彬龢、張公權諸人先後來談。

12月1日　雨

晨起做動課。早餐後金純孺來雜談一小時，又作書復張寓鋒、曹樹銘諸人。傍午岳軍來告與介石會晤情形，并談到對日交涉，似此次對收回漢口法、日兩租界通牒含有個人恩怨之見。午後三時岳軍別去，日前勇功所託為其兄王繼曾取消通緝手摺，即託岳軍帶寗，因彼將於本晚赴寗故也。傍晚蔣伯誠君託伯樵送來曹州牡丹四十枝，芍藥十一枝，即在後園督工種植，共種牡丹二十六枝（餘十四枝），芍藥十一枝。

12月2日　晴

【董顯光與介石】

晨起做動課。早餐後董顯光君來談此次隨杜慎臣海軍上將赴各國考察海軍經過，談到日本海軍軍艦內供有佛堂，英美軍艦中各有常設宣教師一點，知人不獨有利器，并有精神也。董君與朱達齋善，奉化原籍，本年四十四歲，與介石同年，舊在奉化龍津中學教英、算，與介石有師生關係，其人年富力強，將來必可有為。午後蘭兒偕高根醫生（日人）來，為予診視咳嗽，又談丹崖偕葉扶霄（上海大陸銀行行長）來訪。傍晚暢卿來談，予告以應與介石、岳軍說明濟案以後各方情形，方足以明真是非而盡真友誼，否則予惟有終身不出，草一回想錄以告後世。

12月3日　晴

晨起做動課。早餐後程遠帆、袁文欽等先後來訪，

又理髮師來理髮，傍午蘭兒偕敏孫等同來共午餐。午後沈崑三偕英人費唐來訪（費為南斐洲法律專家，英工部局特聘為顧問，研究租界問題），予對越界築路事極力攻擊其不是，促其覺悟。又修直、叔雍及梅蘭芳等來訪，談至傍晚始別。晚赴汪翊唐君宅晚餐，因彼今日為四十初度之辰也。

12 月 4 日　雨

晨起做動課。早餐後殷鑄夫君來來訪，以立法委員事見告，并以主計處下之統計局事見託，予允與岳軍商酌後再復。又作書寄錢乙藜（為何傑才謀清華事）、程玉霜、徐佛蘇諸人。午後整理舊文卷。傍晚赴康寶書君宅晚餐，因是日為伊父七十四初度之辰也。

12 月 5 日　陰

晨起做動課。午後讀書二小時。傍晚暢卿兄來談，將於八日乘飛機赴潯，隨營剿匪，予交以血報一紙，請轉交介石主席一閱。

12 月 6 日　陰

晨起做動課。午後沈立孫來談，謂靜江對浙政有保舉惕生或季陶，反對敬之或膺白之說，可笑也。傍晚岳軍來，告我在真茹之國際無線電台落成行禮情形，聞英、美、法等國均有人到，而重光未列席。

12月7日　陰

晨起做動課。早餐後志萬、企林先後來訪。午後皁生來談（帶其子瑞官同來），三時修直偕李師侯來談，李君多年不見，才氣依然畢露。傍晚暢來辭行，將往九江隨營，並告我陳雪軒對財政有所舉發等語。又伯樵、文欽、炎之等亦先後來晤。

12月8日　雨

晨起做動課。早餐後石曾兄由寗來談到稚暉提我長行政院，介石提我充駐德公使等事，予均苦笑之，幸有所阻，未成事實，不幸中之幸也。九時半偕修直往訪唐少川，談及小省區制度，連帶及穀倉制度、保甲制度等事，深嘆一知半解之新人，每每極不經濟的走回頭路，國家真吃虧不少，在唐家并晤及吳鐵城。又順道至意國飯店訪湯愛理。午後在寓讀書。傍晚讌仲舅夫婦及鹿君，因彼等新從平津南歸，炎丈、和姨作陪。

12月9日　晴

【飛機失慎，暢卿、天翼受傷】

晨起做動課。早餐後遠帆夫婦來訪，又震修兄來談信託事業，順便談到個人經濟活用方法，擬以屋契做抵押而購公債。又作書寄馬伯援（附去祈禱和平文一稿，轉交菊邨者）、張公權、李石曾、蘇紹文、石醉六、張彬人、張公權（附去《戰後之世界》及《中國之將來》各一冊）諸人。午後讀書二小時。傍晚赴市政府公餘社志萬兄招讌，又赴呂班路和姨宅夜餐，是晚炎丈讌請仲

舅邀作陪客。

　　是日午後文欽電告本晨由滬出發之飛機，失慎下
墜，共死四人傷三人，內有友人二：（一）為熊天翼司
令傷勢甚重，折斷左臂右股；（二）為楊暢卿兄，斷一
肋骨，傷勢較輕，予亟往病院省視，均尚在昏迷狀態之
中，不敢驚動，安慰其家人而返。

12 月 10 日　晴

　　昨夜有應酬，就寢較遲，本晨起床已八時，未及做
動課，匆匆早餐後，堯年姪、君怡弟、蘭兒等先後來
晤。又何元瀚（少圻）君來訪，謂將北返。午後補做動
課，幸未間斷。

12 月 11 日　晴

　　晨起做動課。早餐後偕予妻至金城取屋契，又至中
國做押款，託公權購買編遣庫券，亦做押款，蓋欲藉以
稍謀錙銖之利，藉以免累友。午後林立來訪，謂將返
川，予以堅毅漸進四字勉之，蓋此生天資聰穎，性頗流
動故也。又李擇一君偕坂西利八郎來訪。傍晚赴世界學
院李石曾君招讌，九時半歸寓。

12 月 12 日　晴

　　晨起做動課。早餐後蔣伯誠君來辭行，予與之略
談浙江省政。午後林立來，又與之談隨喜功德普皆迴
向二大要道，林生似有感動，記入其小手本中別去。
又修直兄來雜談，予告以整理債務問題之內容（日債

一部份竟累至六萬萬九千五百萬元，可嘆之至）。

12月13日　晴

　　晨起做動課。早餐後文欽來告天翼、暢卿二君傷勢已減輕，又託伊代辦君怡、伯樵、義舫三家之儲蓄事。又作書藍軍恒、何少圻二人。午後偕伯樵夫婦及予妻同出看電影（蒙脫卡羅）。

12月14日　晴

　　晨起做動課。早餐後計仰先君來談唯識學，又至彌勒寺弔奠慕川太姻丈。正午在伯樵宅公讌伯誠赴浙履新。午後偕君怡等至大舞台觀劇（譚富英「空城計」、梅蘭芳「汾河灣」）。六時半至和姨宅晚餐，九時歸寓。

12月15日　晴

　　晨起做動課。早餐後偕舫婿、蘭兒同至愚園路看屋（蘭兒擬移居），又至中山路大夏大學傍看地（蘭兒新購地二畝，每畝千元），并順便遊兆豐公園而歸。午後讀書。

12月16日　晴

　　晨起做動課。早餐後陳儆庸君來訪，談北平權度製造所之經過，又理髮師來理髮。一月以來時有咳嗽，而尤以最近一星期夜間為甚（往往睡覺後，經一、二小時復醒而咳），昨夜半夜二時左右，咳甚久，以致後半

夜未能成睡，且累及予妻亦然，故電請趙醫生啟華來診視，開方吃藥。午後顧逸農君、陳惠農君先後來談，傍晚赴汪翊唐君宅，應王勇功學兄之譤，座中有閩人李某（留法畢業），研究手相學廿餘年，相予手說，既往大致皆中，謂將來仍須俟日後之證明也。

12 月 17 日　雨

晨起做動課。早餐後出訪熊天翼、楊暢卿二君之病，暢卿在一月前，曾請亞農卜一課，有「過象飛鳥，高低無定踪」之句，是明明警告其勿坐飛機也，可謂奇驗。又順道至新新公司購煙。午後葛仲勛姻丈來辭行返杭，又林立偕高炯（彥明，四川）來晤，高君氣宇非凡，眉宇間英氣畢露而聰穎之中寓有沈著之氣，尤為難得，年僅廿三，真是後起之秀，聞學科、術科俱佳，此次留日士官畢業高列第一。適岳軍來談市政府方面用人瑣事，如擬調義舫充教育局科長，擬調市府第二科長充公安局警察長之類，因岳軍亦川籍，特介紹林、高二生與之晤面，傍晚別去。

12 月 18 日　晴

晨起做動課。早餐後文欽來談，予告以明日開特別市政會議性質之重要，即對於西門子計畫（由愛多亞路造橋通浦東之計畫），應絕對打破，使原有之市中心區域計畫不受打擊，蓋此有關於異日收回租界之重大影響，不可作尋常議案觀也。午後作書寄伯誠（為毛采章說項）、曉垣、直卿三人，又呂習恆君由北平來訪，談

約五小時，并留共晚餐：（一）談張敬輿兄治葬問題，
（二）談日本對煥章之經過，（三）談北平治河（由西
山經北城達通州），以繁盛平市問題，（四）談津屋問
題，晚八時半別去。

12月19日　晴

晨起做動課。早餐後金國珍來辭行，將赴日本留
學。午後，忽發冷，蒙被而睡，醒來測熱度有卅七度
半，乃請趙醫生啟華來診視，開方服藥。

12月20日　雨

晨起仍勉做動課，惟發熱後，覺腿稍軟。早餐
後，仍上樓休息。午後，修直、傑才來訪，又公權來
雜談一小時。

12月21日　陰

晨起做動課。早餐後亮才、劍塵、立孫、止觀、錦
澤、墨正諸人先後來談，自晨九時至午十二時未斷，客
亦頗倦。午後岳軍送函來，內附郭宇鏡君所作〈黃石
歌〉一首，比我為黃石，愧未敢承，抄錄如左：
【郭宇鏡之〈黃石歌〉】
〈黃石歌〉
庚午孟冬夜乘京滬車，與友人評論當世賢豪，某君
推崇杭縣膺白先生甚力，予韙其言。寒氣侵入，飲
酒不寐，因作〈黃石歌〉以貽杭州，兼以祝岳軍市
長，其亦以為知言也乎，天流自識。

神龍出沒祇見首，千古無獨而有何。
周時老聃秦黃石，陰陽之學同一母。
黃非其姓石非名，史家竟傳為老叟。
殆憤祖龍私天下，託名自比沮溺耦。
噫戲呼，
杞橋一履關興廢，邦籍姓字知謹某。
由來後龍勝前龍，世上何人識牝牡。
自秦御宇革命興，士夫走卒如醉酒。
老人有心構徒黨，陰謀同誅獨夫付。
來游下邳聞張生，博浪幾乎落虎口。
五世深恩猶未報，一錐副車空擊掊。
況自兵罷入咸陽，九郡河山異豆剖。
撫劍疾視匹夫勇，秦綱那日遂解紐。
我有陰符勝孫吳，章邯迺掣軍事肘。
我有經綸比孔孟，劉季迺得為元后。
六韜三略指其掌，大匠之斲假汝手。
長者與期其加意，雞鳴而起未可後。
晨星落落忍飢寒，下邳橋邊韋生守。
對影寒流老人喜，奇書一卷堪授受。
智哉憑此借帝箸，掃蕩乾坤如執帚。
當世賢豪車斗載，神奇誰如此黃者。
天開征誅起平民，白山江山赤帝有。
酒酣耳熱貪天功，囂囂何分人與狗。
獨有王孫羞降權，辟穀還從赤松走。
一塵不染黃石公，赫赫聲名俱不朽。
吾於其事心已勞，吾於其名無須負。

長安宮裡周召尊。

何如，穀城山下喬松壽。

巢由多事覬至尊，大人虎變南山藪。

不徇利鎖徇名僵，自古高人同可醜。

吾化頑石石化羊，無並世人爭叔斗。

可共草木同滋生，可與日月爭光久。

巉巉莫字同禹碣，萬古恆疑光峋嶁。

身既將隱焉用文，徒使後人議賢否。

獨惜憂勤惕屬亭，長公商山讓與後。

友良倚良相盤成，括右偎良將北宮。

黝，

唾棄儒冠馬上治，解甲未忘蒲騷狃。

三代文字蝕墻壁，九流家言使農畂。

主聖臣賢恩濟世，漢家猶未脫陽九。

吁嗟，

黃石知幾其神乎，不伴韓彭遭彼掃。

但使西京盛治遲，文景廿年喪亂誰其咎。

12月22日　晴

　　晨起做動課。早餐後林季良君來訪。午後吳蘊齋來，謂劉菊村之表弟童賓秋向為西北軍駐滬需處主任，得菊村函欲來求見，特來先容等語，予約其次日午後來談，又蘭兒來商移居事看法，頗有不悅色。呂習恒來談，至十一時半始去，談原濟案仍憤慨不能自禁。

12 月 23 日　晴

　　晨起做動課。早餐後伯樵、遠帆兩夫婦來談，未幾，伯樵先赴局辦公，予等同至兆丰邨新屋（蘭兒欲賃之屋）復勘，順道至兆丰公園，遊覽畢，即在公園對面之 Willcome 飯店午餐，并電約伯樵及伯誠夫婦亦來參加，天氣晴朗，隨任興而遊，頗樂。午後歸寓小憩後，公權兄介紹中醫曹融甫君來診視感冒、又吳蘊齋偕童賓秋來談，予以三事奉勸，託其傳達於菊村并達煥章：（一）到日後，要防日人利用；（二）要防舊屬及反動派利用；（三）隨處可有致力國家之餘地，并引美國南北戰爭時，格蘭德將軍與李將軍故事以為勸，並列述癸丑亡命，予自身經驗所得之故事以為戒，童若有所感而別。彼並告我，與岳軍所談經過（然岳尚未告我也）。

12 月 24 日　晴

　　晨起做動課。早餐後君怡來談，又作書，讀岳軍代簽字寄與孔庸之為楊公兆謀事，又復沈衡山一函。午後修直來談，共同賞鑑君怡交來之蘇東坡畫竹手卷（當即送還），傍晚，文欽、伯樵等又來雜談。

12 月 25 日　晴

　　晨起做動課。早餐後讀《田中對滿蒙奏章》半冊，午後，伯樵、君怡等來雜談。

12 月 26 日　晴

　　【《田中對滿蒙奏章》】

晨起做動課，早餐後繼續讀《田中奏章》畢，深感中日間國難必不在遠。又偕妻女至永安、先施兩公司購買什物，并為敏外孫女等購得皮鞋、糖果等類與之。午後，葉遹初君來談中興煤礦內容，總經理錢新之將辭，擬請湛侯姻丈繼任，遹初因不識湛侯，來求紹介，乃書一紹介函與之。晚飯後，岳軍來談市政進行計畫，十時別去（同時文欽來報告，辦理公平洋行買辦被綁經過事件）。

12月27日　晴

【何廷述來訪】

晨起做動課。早餐後北大學生何廷述（川人）來談，彼擬編一《內亂與外交背景》小冊，予略供意見，談約一小時別去。又三哥來。

【張之江派參議孫澐來通好】

午後呂習恒君偕其戚孫澐（伯川）來訪，孫既免張之江綏靖督辦署參議，持張之江函代表來談，并帶一密碼本來，又張之參謀長陳琢如（璞章）亦帶片來候好，予則照例分別復函、復片帶去、談至傍晚始別（是日介石由甯來滬，予未晤面）。

12月28日　晴（間微雨）

晨起做動課。早餐後董修甲（鼎三）來訪，又出訪王石蓀（彼現長勞働大學，予為學生康選宜說項）、張鎔西、楊暢卿三君，正午一時歸寓。午後文欽、伯樵、君怡、炎之等先後來雜談。是晚，聞介石返甯，此來據

傳說純係訪其岳母與天翼及暢卿諸人之病。

12 月 29 日　晴

晨起做動課。早餐後遠帆來託向公權說話，又馬君武偕桂教育局長盤珠祁（斗寅），來談粵桂實況。又岳軍來報告文欽辭公安局長職之經過，甚矣，人與人相處之難也。午後達齋奉俞鴻鈞之命來告文欽辭職事。傍晚文欽來，亦以兩年來經過見告，彼此存一「你」、「我」之見，故其結果如此。始痛感凡人如不能了解大不如小，有不如無，高不如低之至理，決不能大而不大，以保持其真大；有而不有，以永保其真；有高而不高，以維持其真高者也。

12 月 30 日　陰

晨起做動課。早餐後理髮師來理髮，午後出訪伯樵、遠帆，并購辦花草，晚間在宅舉行除夕親友同樂大會，參加者有沈君怡、朱炎之、黃伯樵、趙叔雍、蔣伯誠、汪翊唐、程遠帆各對夫婦，并各家子女，又有吳震修兄、楊公兆夫人，共計男女老小二十八人，飯後餘興有自演雙簧、崑曲、喜劇、戲法、抽籤等等，共費洋約八十元。是日，彼此忘形忘年，極為快樂，六時起，九時半散。

12 月 31 日　陰

晨起做動課。早餐後徐季實君來談，又文欽亦來晤。午後，收拾文卷，傍晚，伯樵、君怡兩對夫婦均

來共晚餐，辭歲。餐後，擲骰及推排九為戲，君怡夫
婦無勝負，伯樵夫婦贏大洋四角，即為予夫婦所負
者，九時半散。

附錄：《黃郛日記》涉及親屬簡介

- 黃郛妻沈亦雲，本名沈性真。景英之名為投考北洋女師範學堂時自取。教師傅增湘為之取號亦雲。
- 黃郛祖父黃鏞，女兒嫁入餘杭章家，為章太炎祖母。
- 黃郛父親名黃文治，字友樵。黃郛母親陸氏。
- 黃郛家中兄弟姊妹共七人，四男三女，黃郛為么兒。
- 黃郛三哥黃叔汀。
- 黃郛有姪兒堯年、錦澤、嵩雲、嵩壽。
- 黃郛認友人計仰先子計晉仁為契子。
- 黃郛元配吳氏，離婚。
- 黃郛與吳氏所生女黃熙文，夫婿為沈璿（義舫）。
- 黃郛夫婦養育沈性仁過繼三女，取名熙治，小名小真。
- 沈亦雲父親名沈秉鈞，號叔和。
- 沈亦雲母親名葛敬琛。
- 沈亦雲七叔名沈秉榮（號季華）。
- 沈亦雲七外叔葛文濬（號慕川）。
- 沈亦雲四姨母葛敬琮、姨丈沈子美。
- 沈亦雲堂舅葛敬恩（湛侯）。
- 沈亦雲姨母葛敬誠、葛敬和。
- 沈亦雲有妹沈性仁（又名景芳）、沈性元。弟沈君怡（又名景清），即沈怡。
- 沈性仁之夫陶孟和（履恭）。

民國日記 19
黃郛日記（1929-1930）
The Diaries of Huang Fu, 1929-1930

原　著	黃　郛
主　編	任育德
總 編 輯	陳新林、呂芳上
執行編輯	林弘毅
封面設計	陳新林
排　版	溫心忻、盤惠秦

出 版 者　　🛡開源書局出版有限公司

香港金鐘夏愨道 18 號海富中心
1 座 26 樓 06 室
TEL：+852-35860995

✿民國歷史天化學社

10646 台北市大安區羅斯福路三段
37 號 7 樓之 1
TEL：+886-2-2369-6912
FAX：+886-2-2369-6990

銷 售 處　　源流成文化 股份有限公司

10646 台北市大安區羅斯福路三段
37 號 7 樓之 1
TEL：+886-2-2369-6912
FAX：+886-2-2369-6990

初版一刷	2019 年 10 月 31 日
定　價	新台幣 300 元
	港　幣　80 元
	美　元　11 元
I S B N	978-988-8637-29-4
印　刷	長達印刷有限公司

台北市西園路二段 50 巷 4 弄 21 號
TEL：+886-2-2304-0488